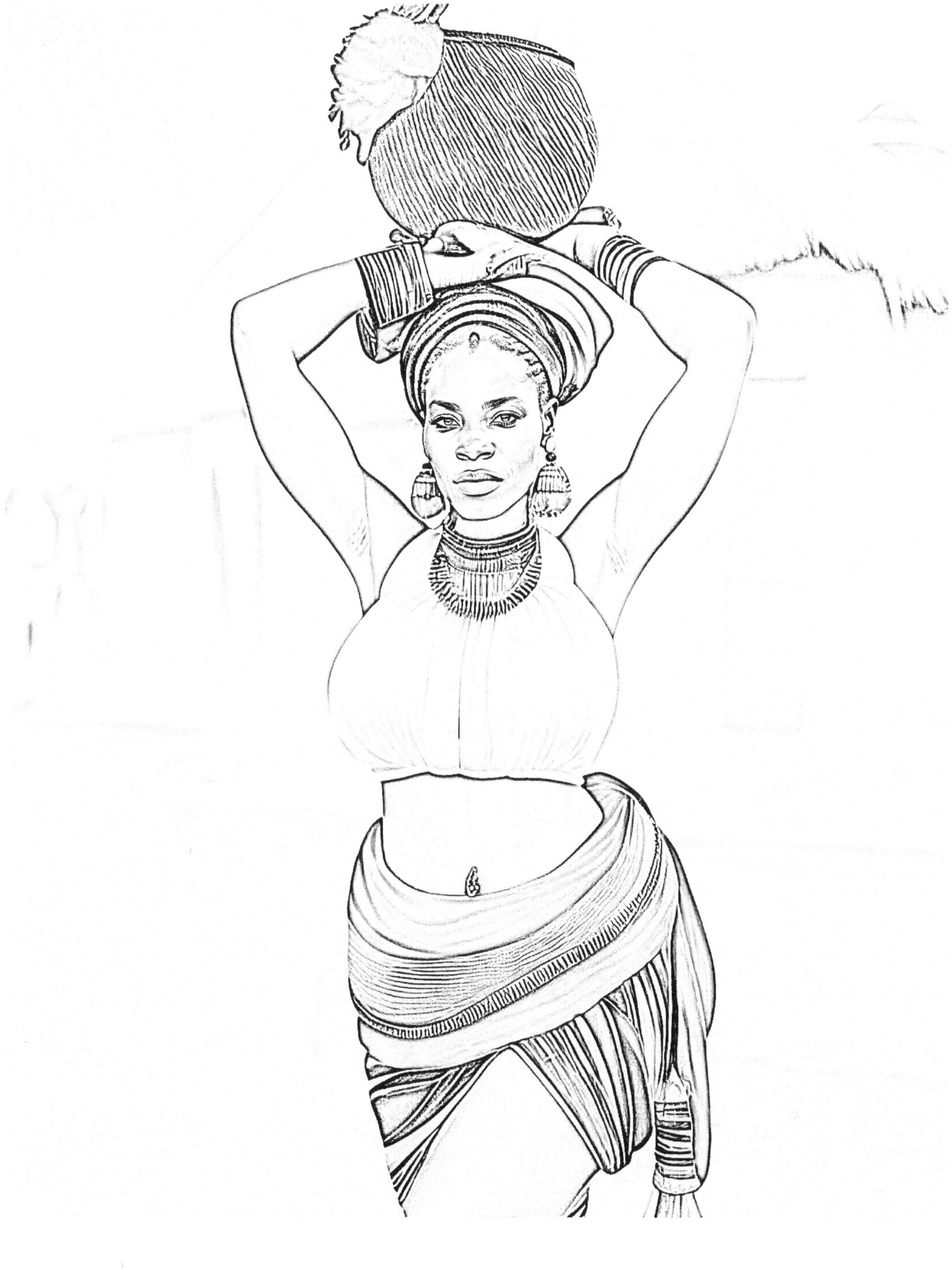

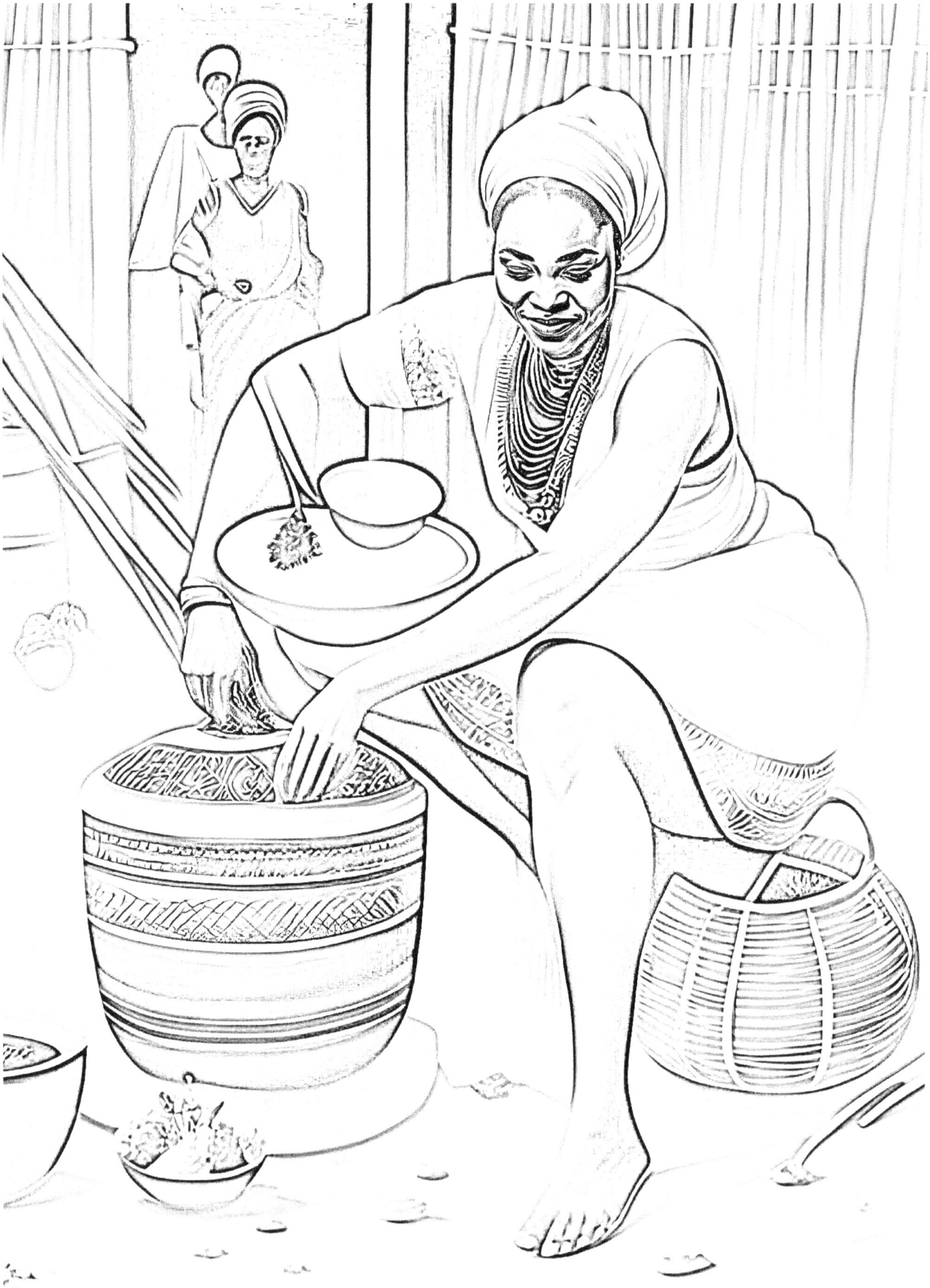

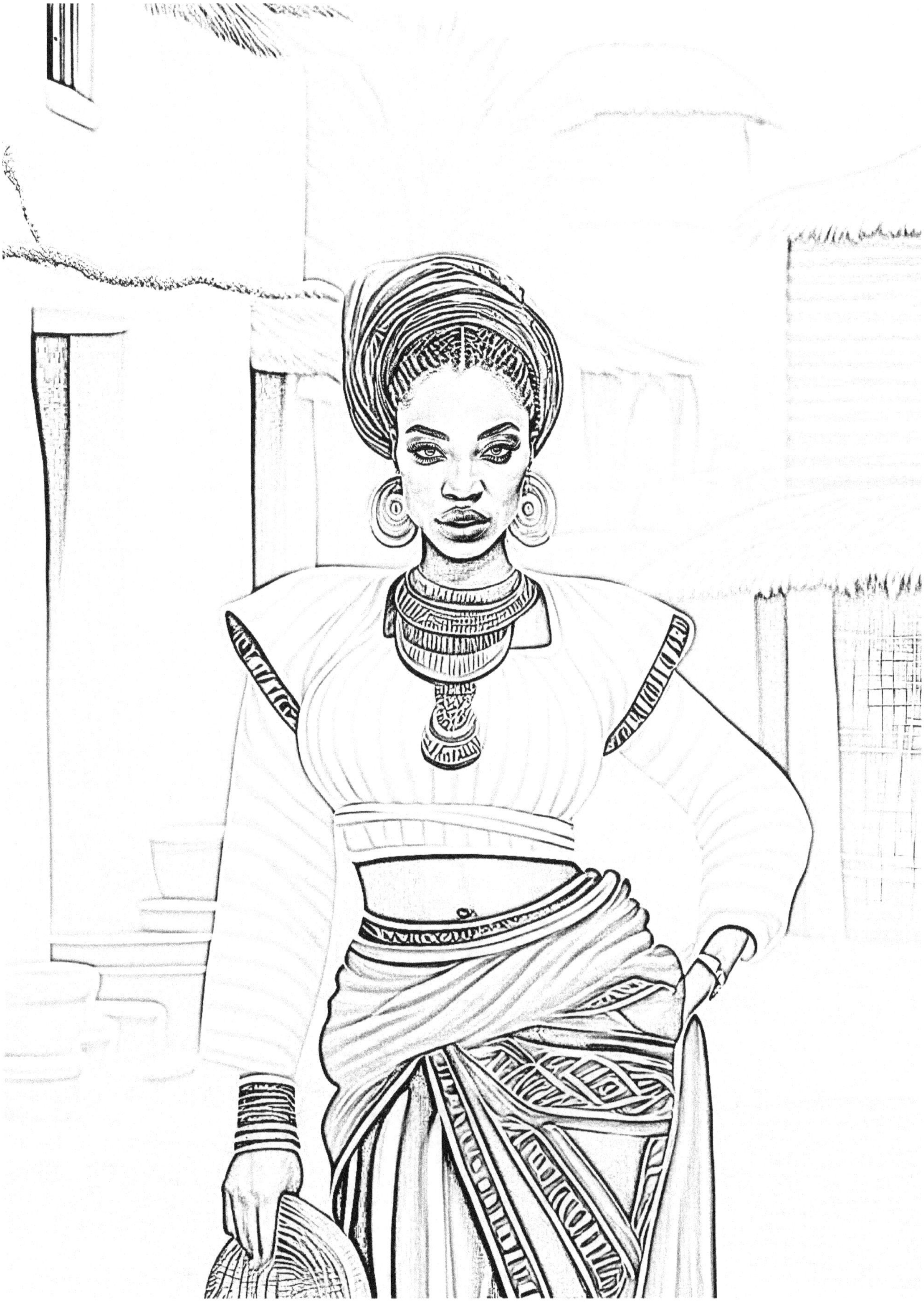

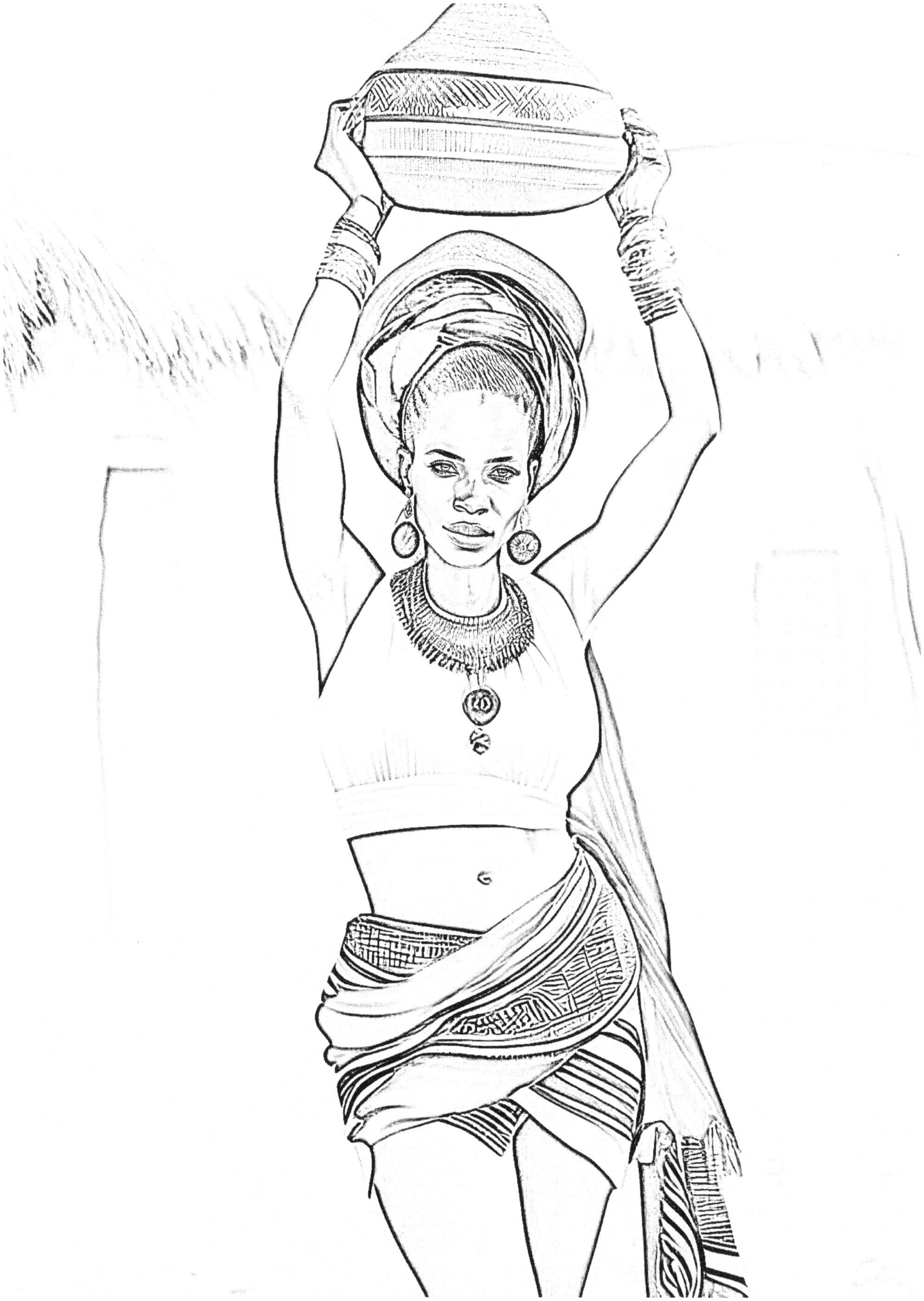

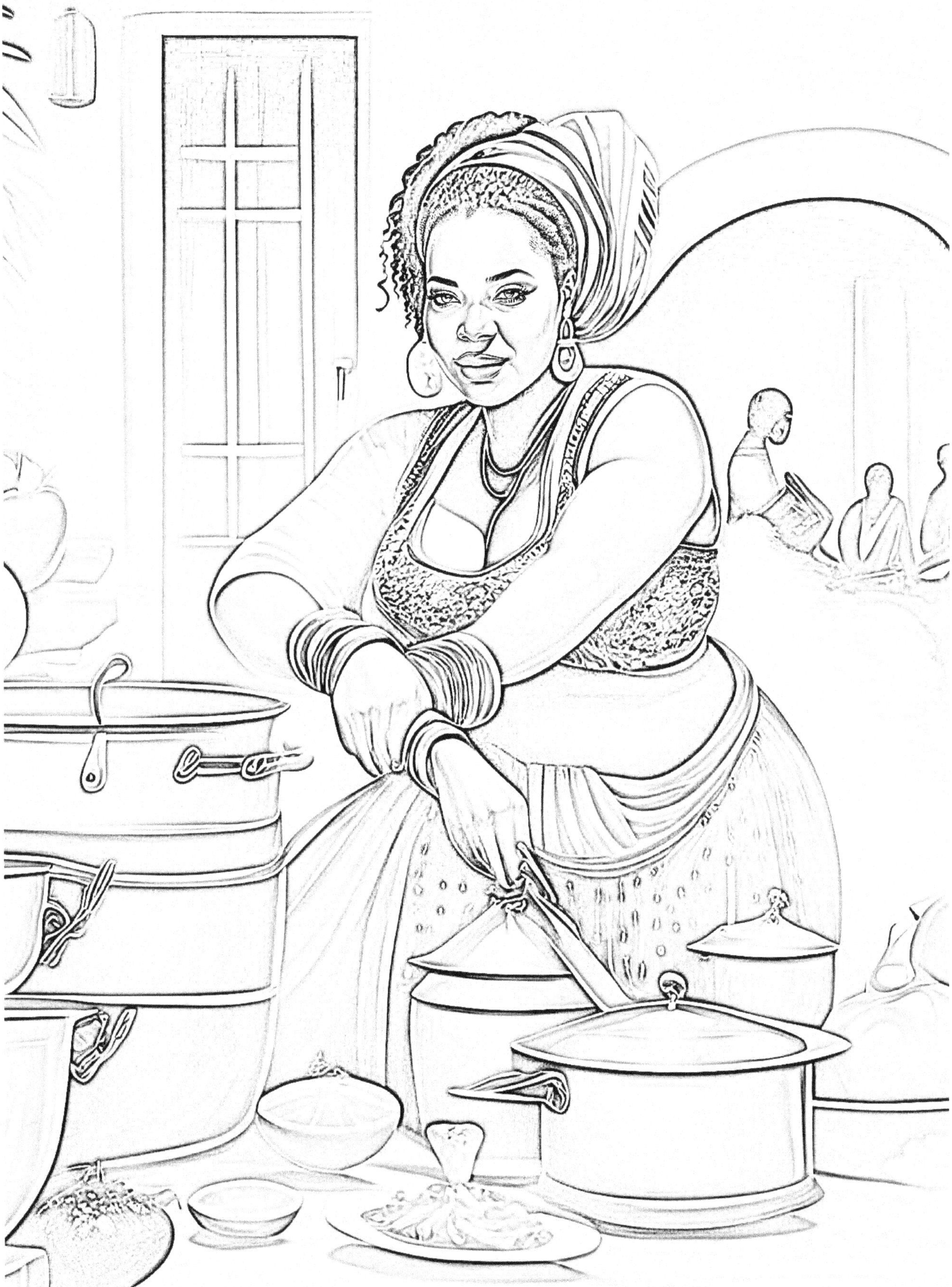

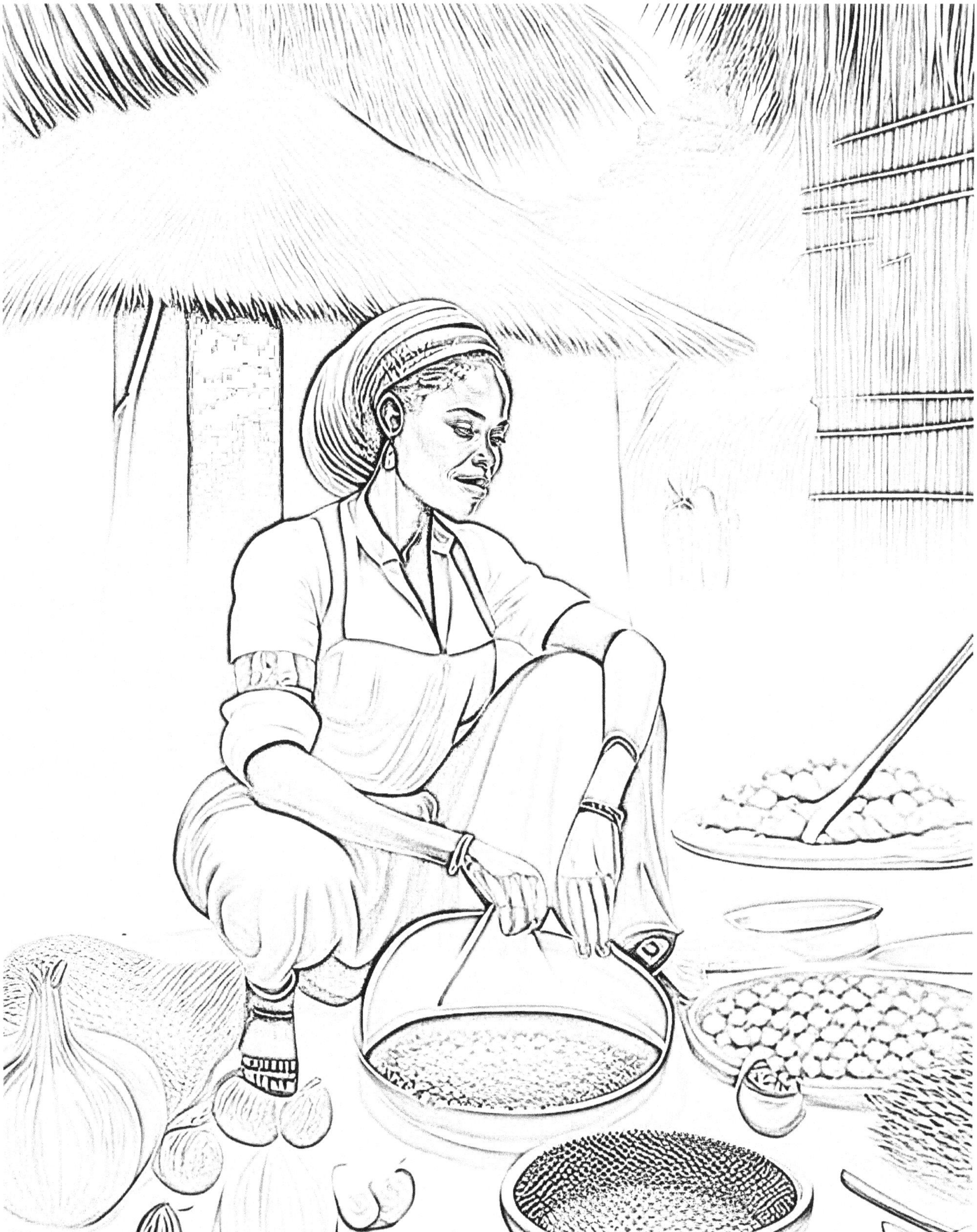

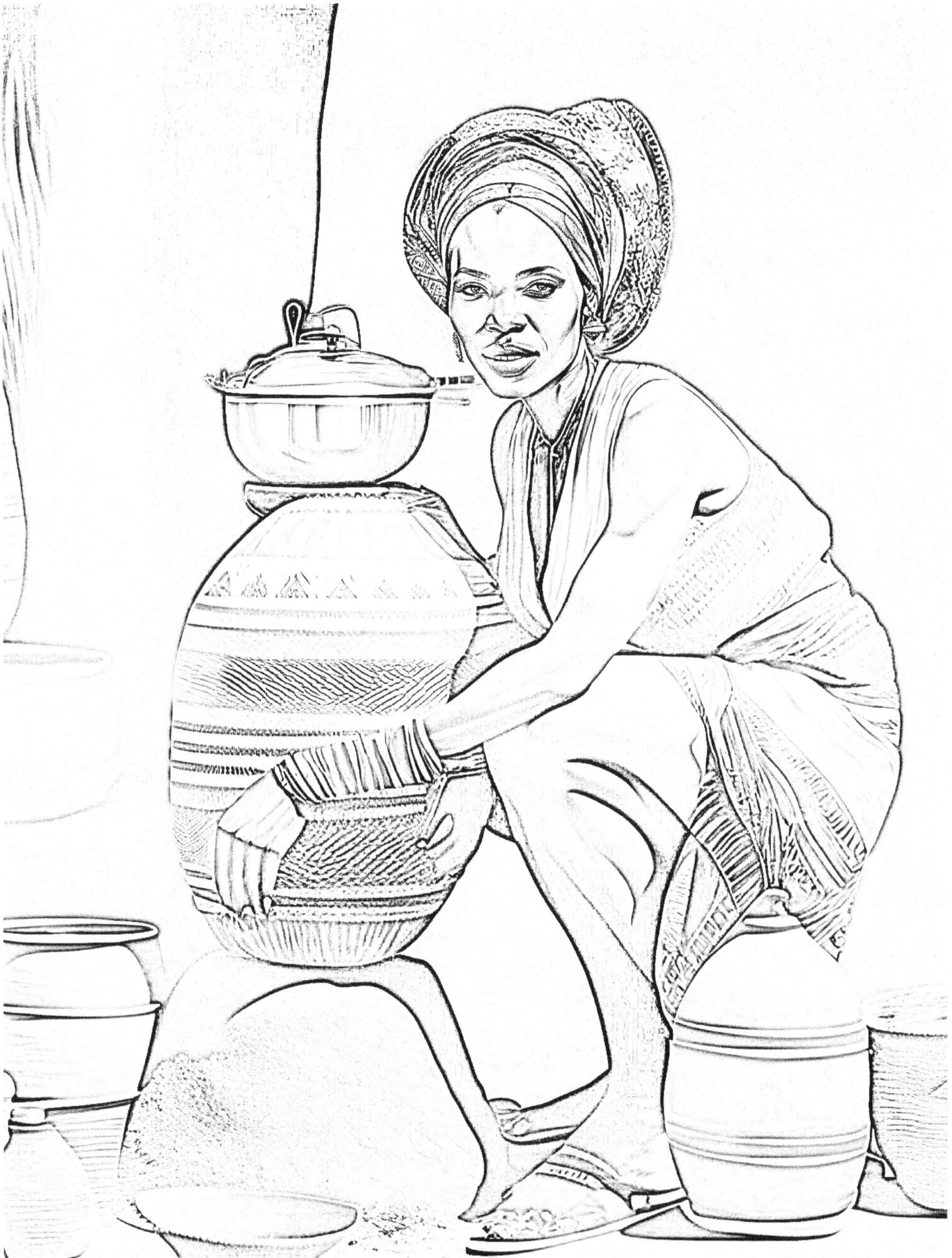

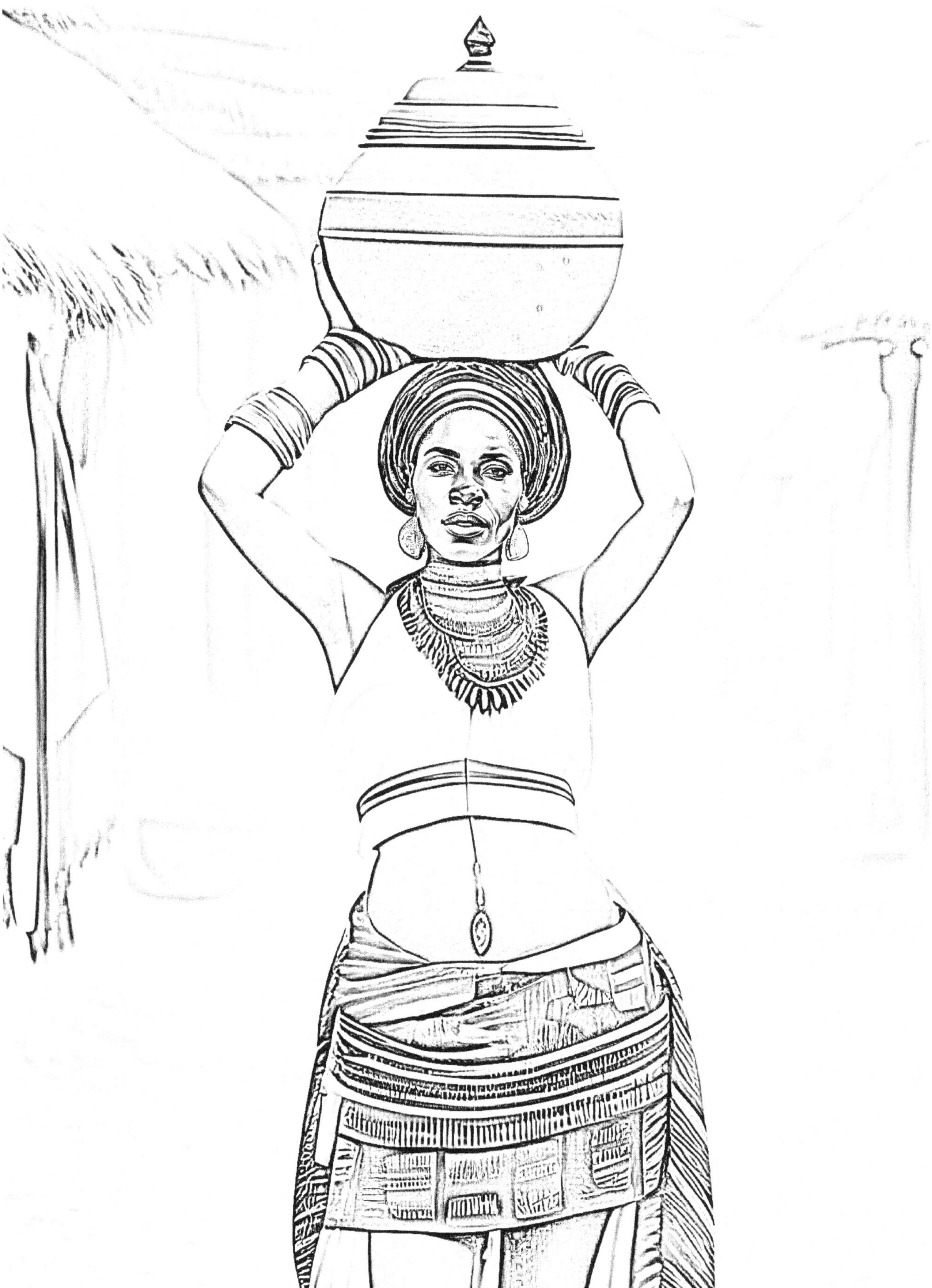

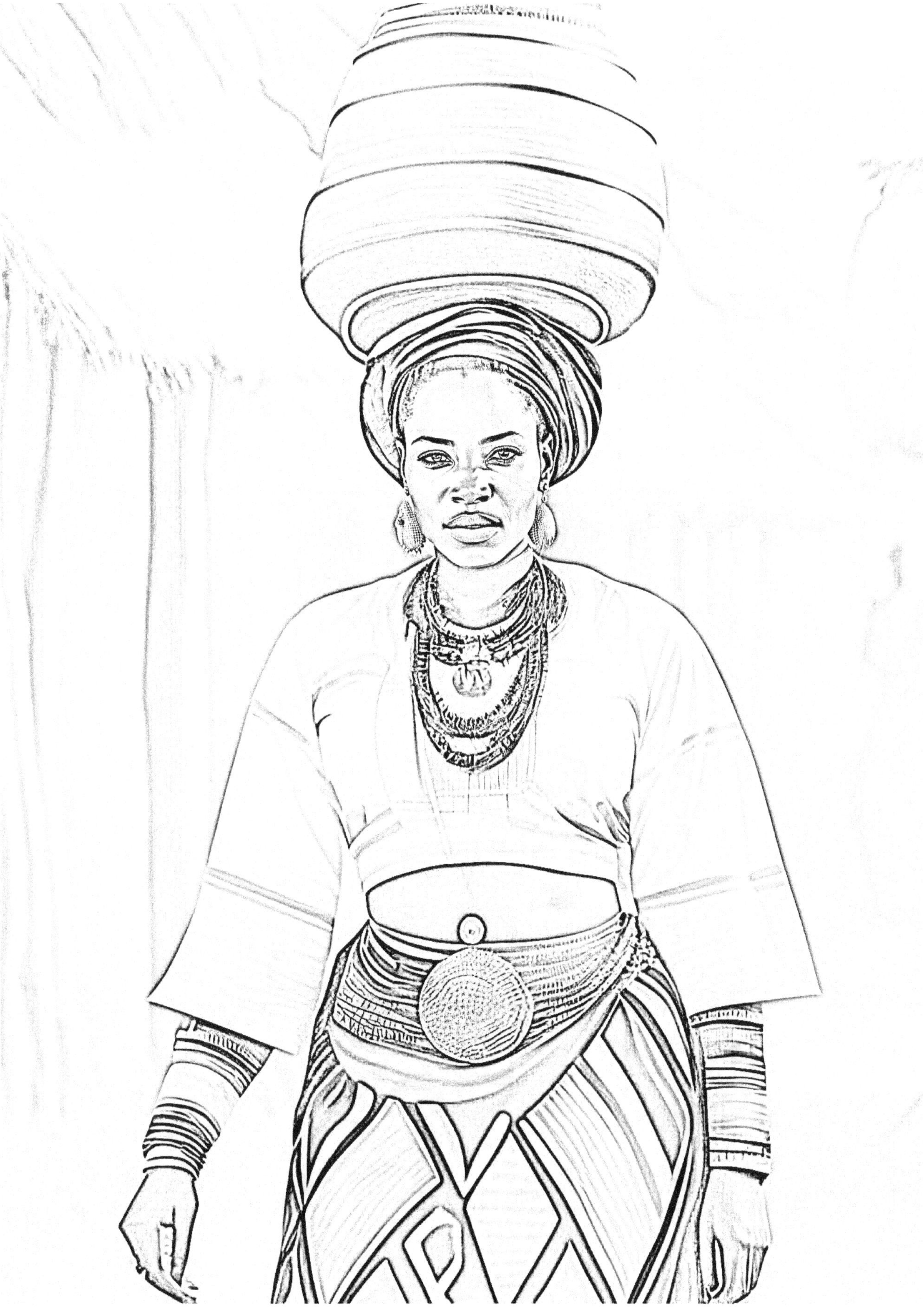

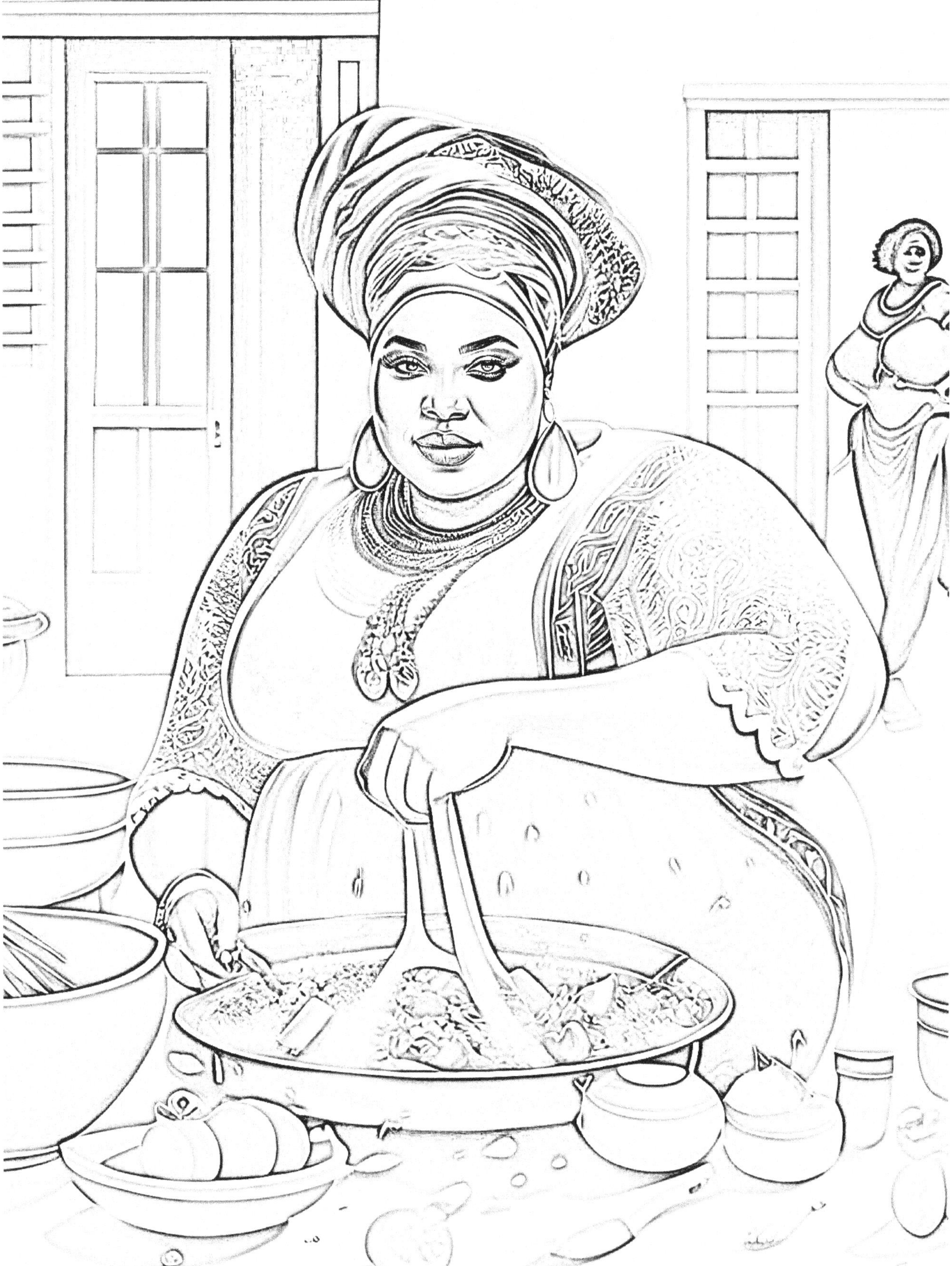

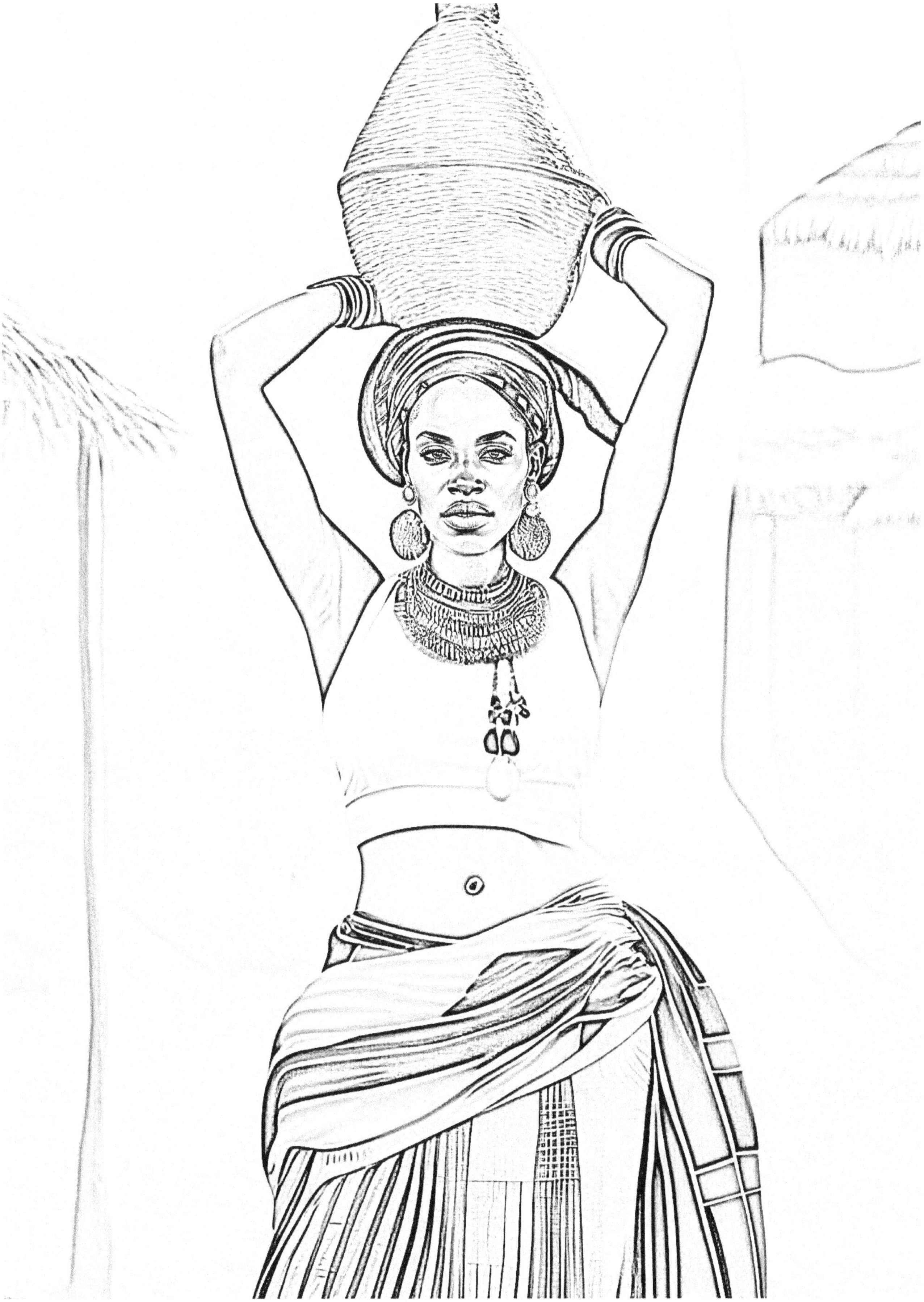

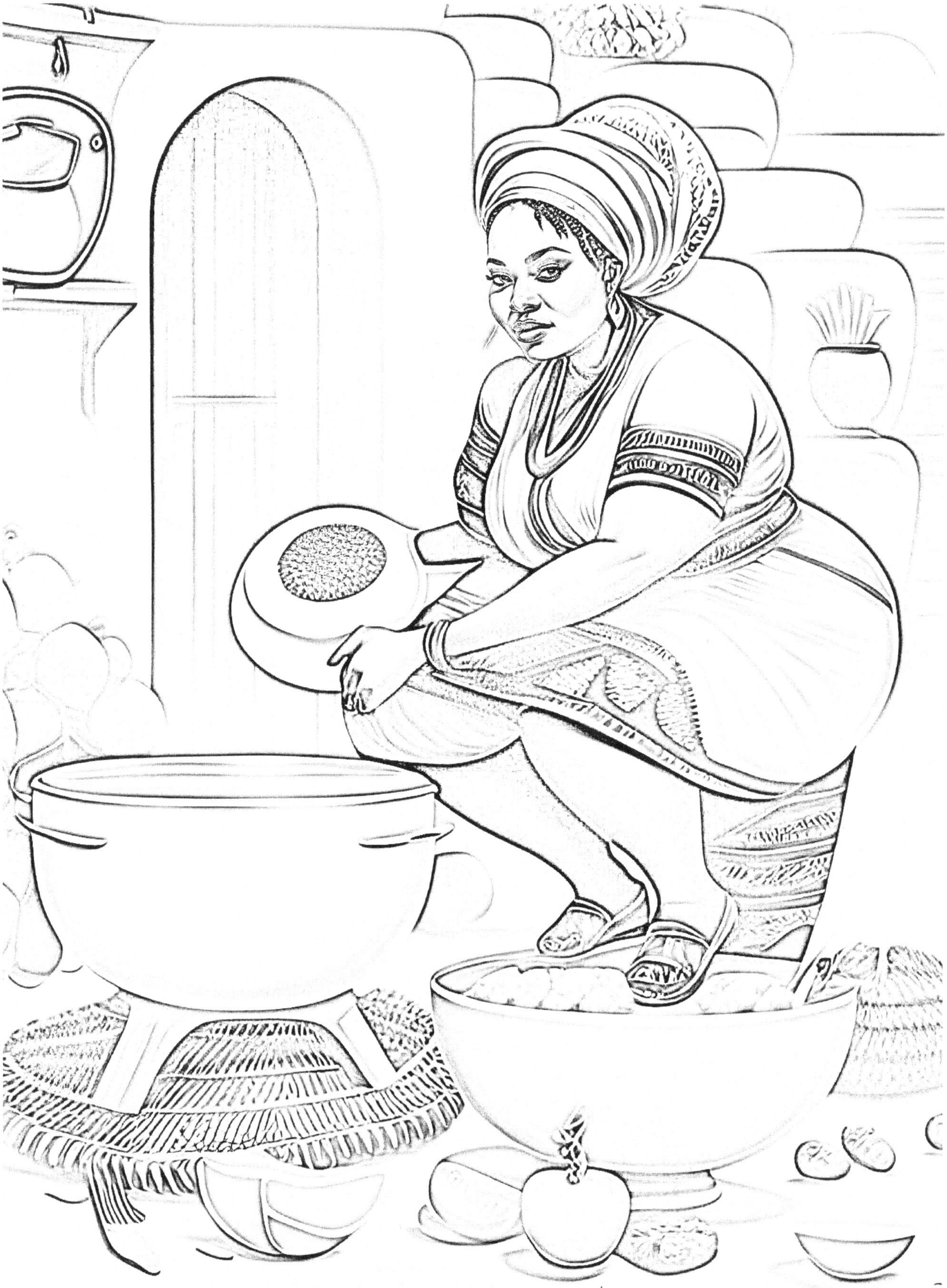

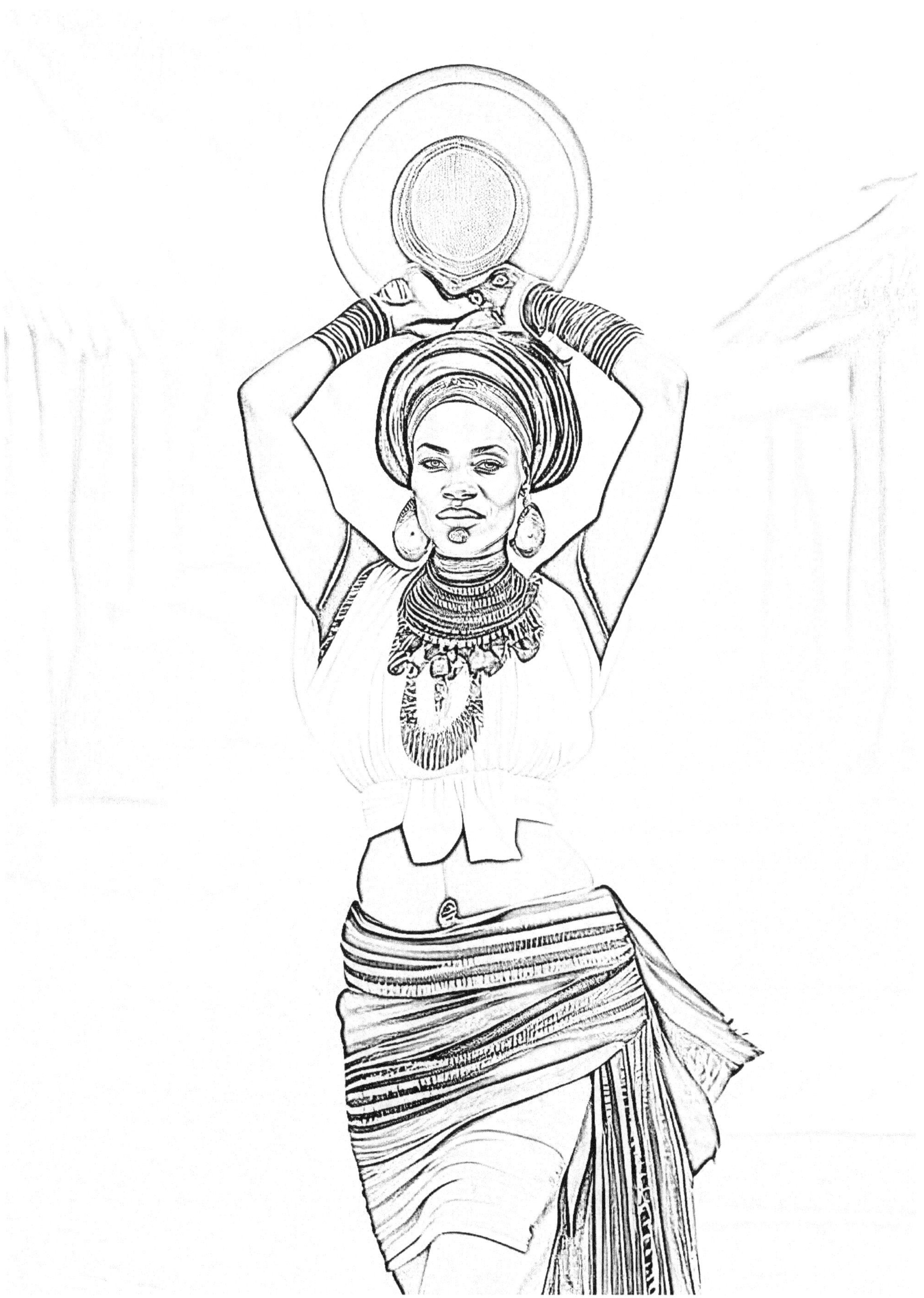

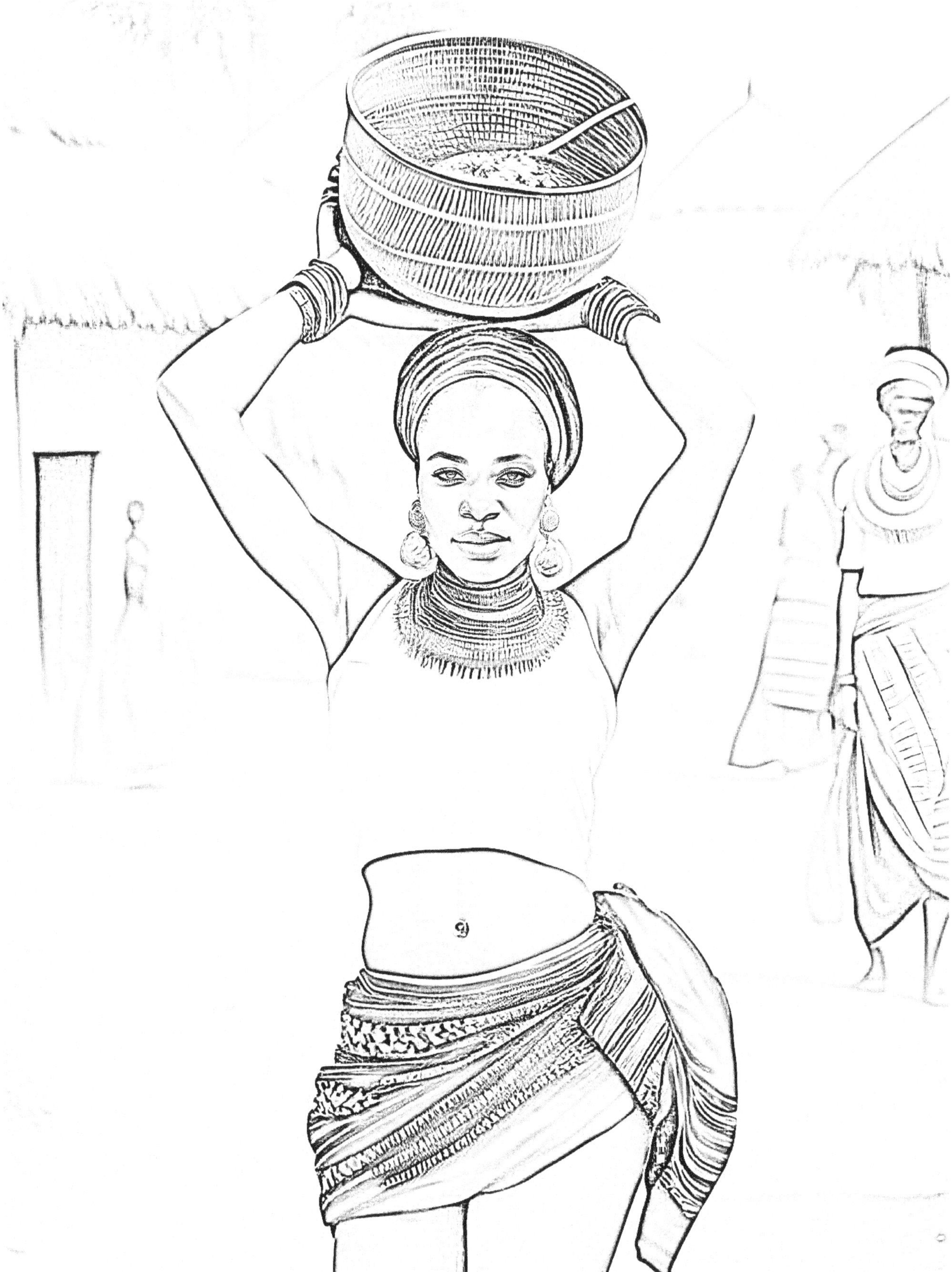

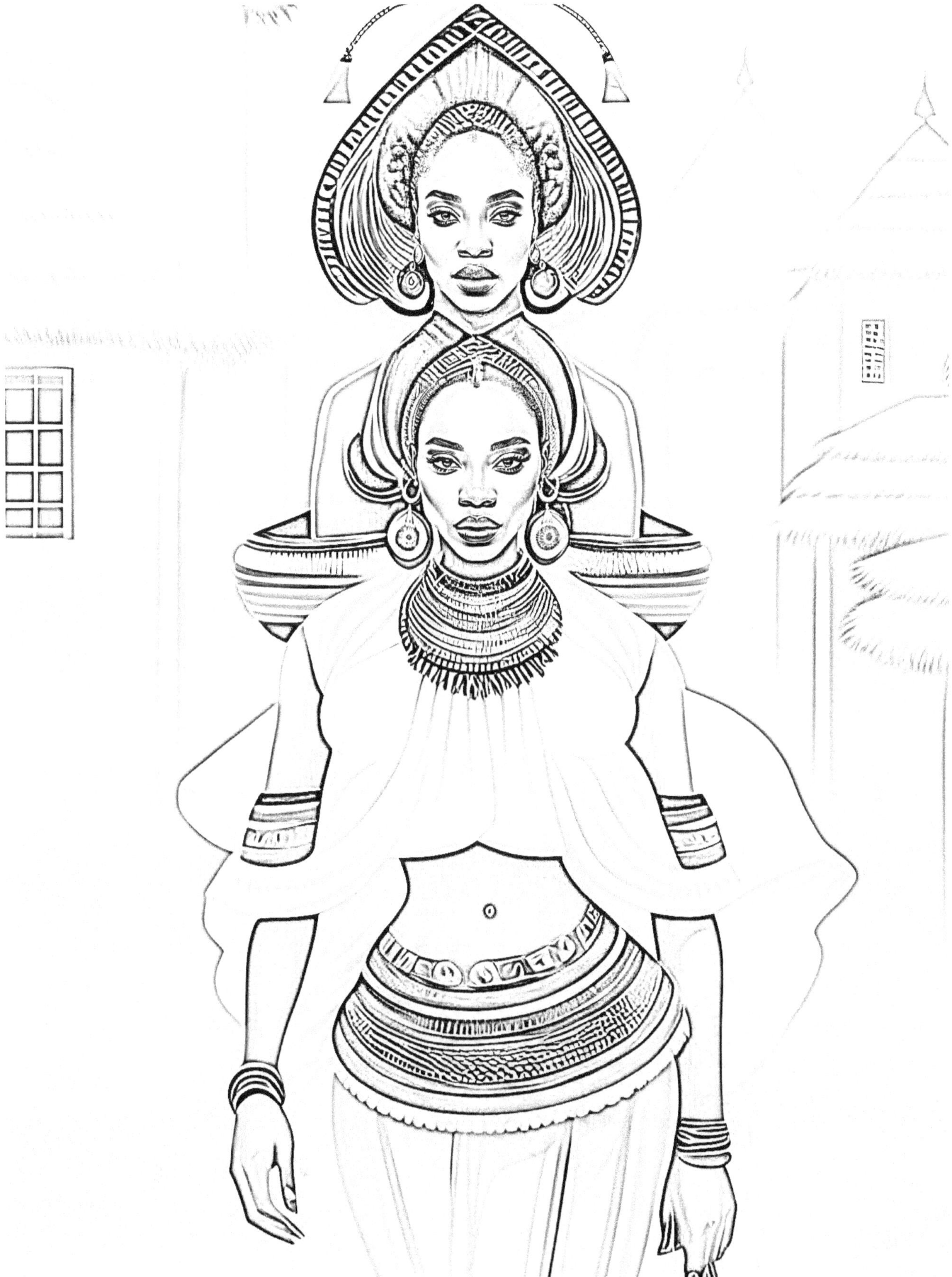

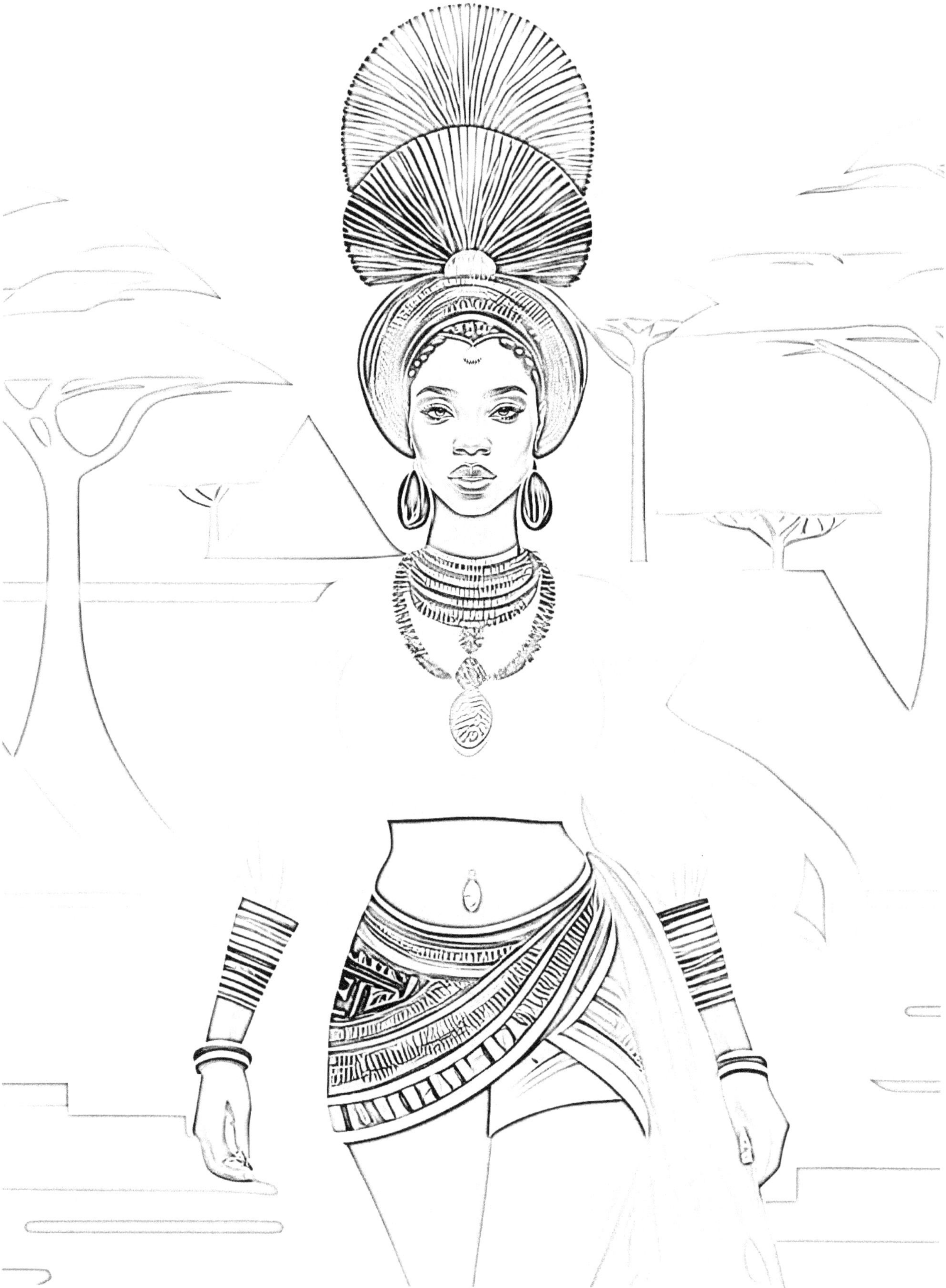

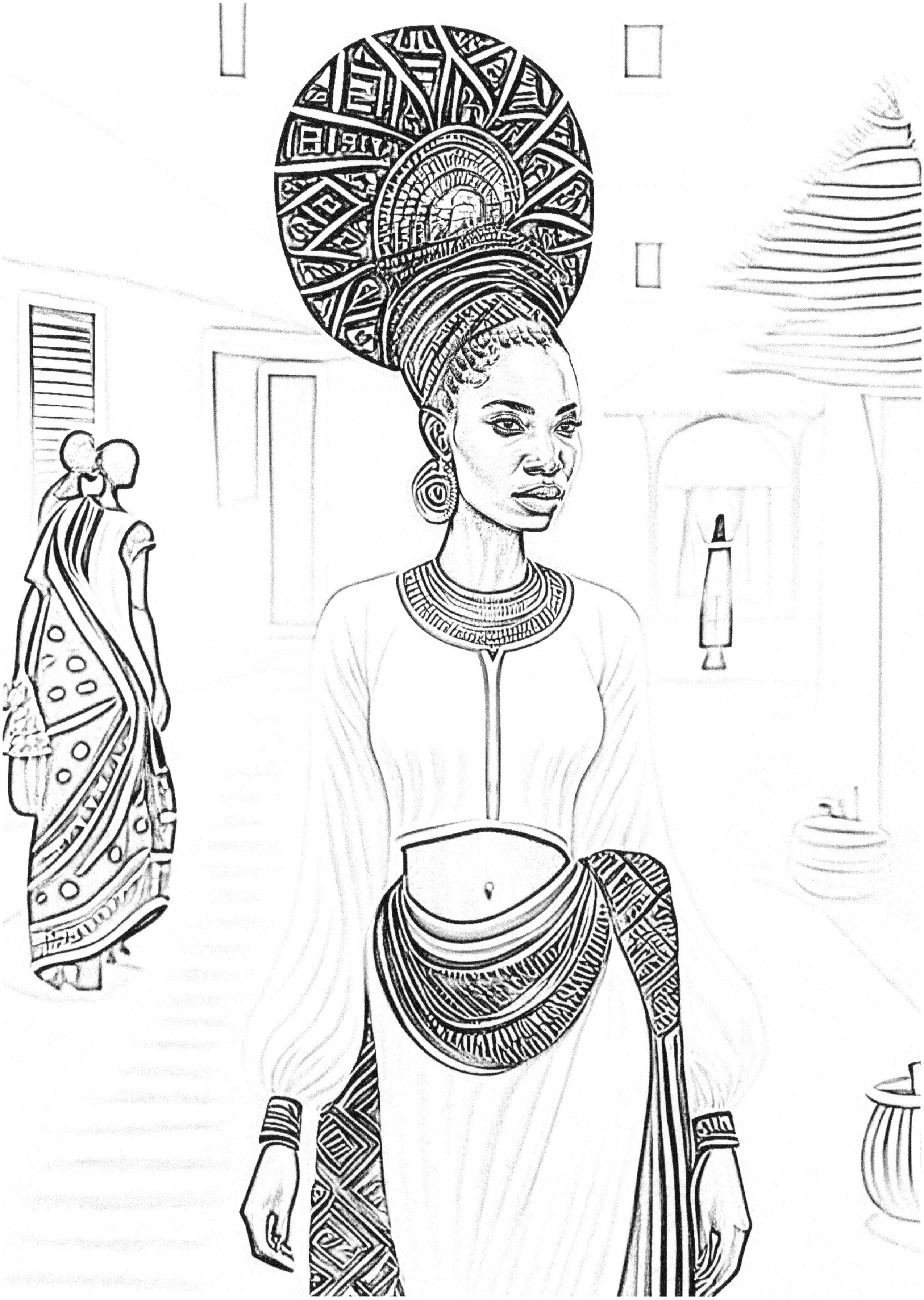

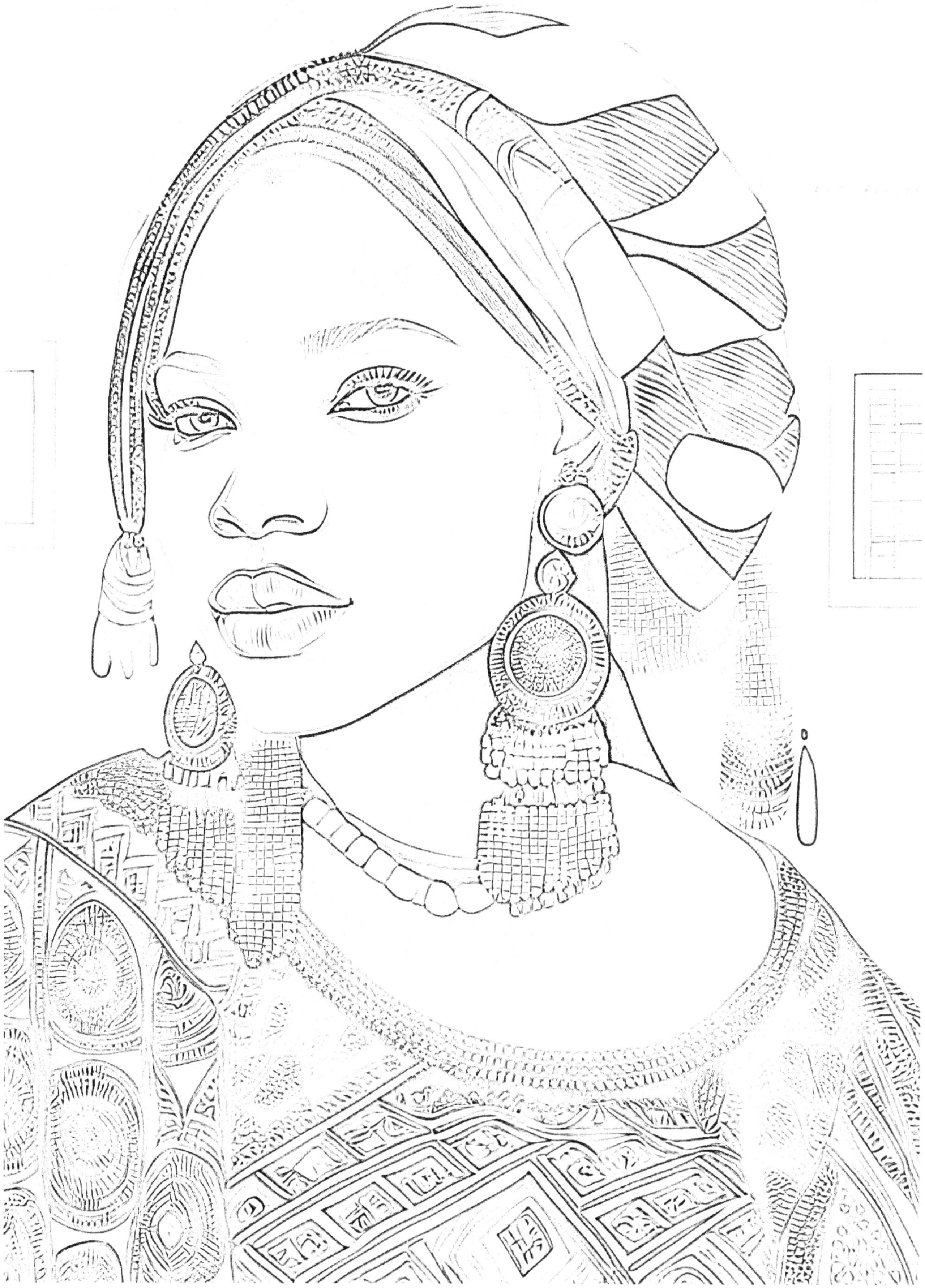

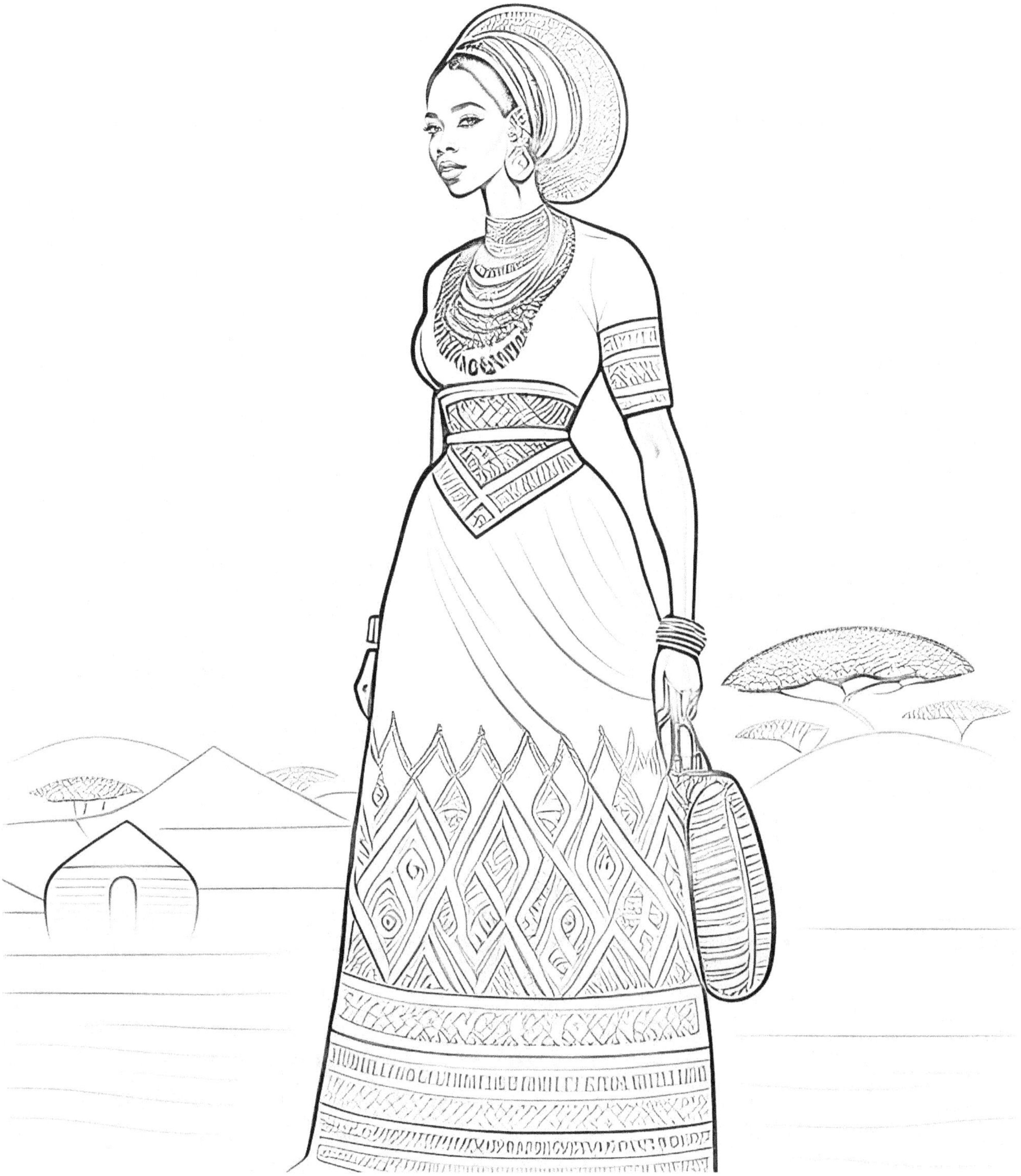

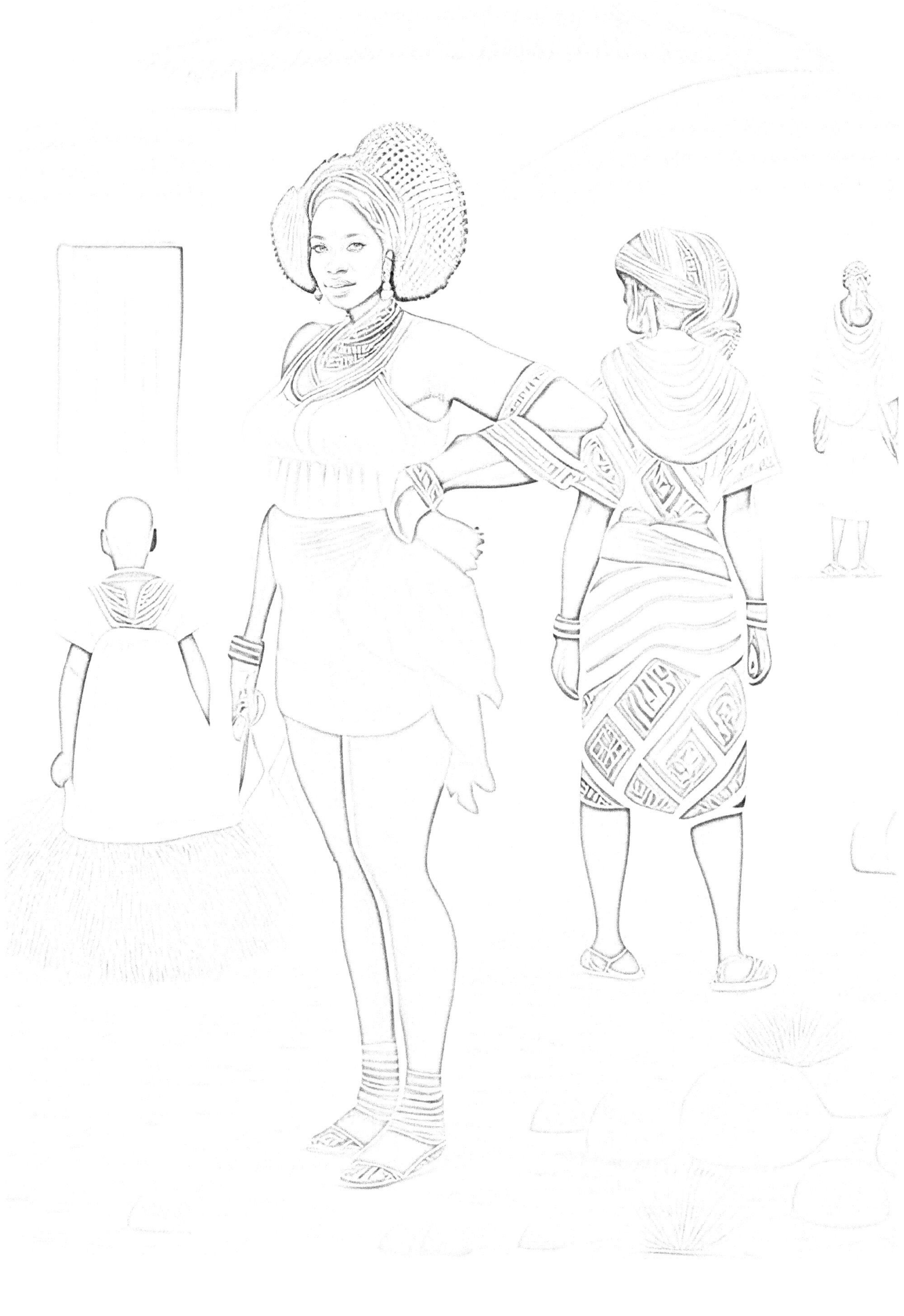

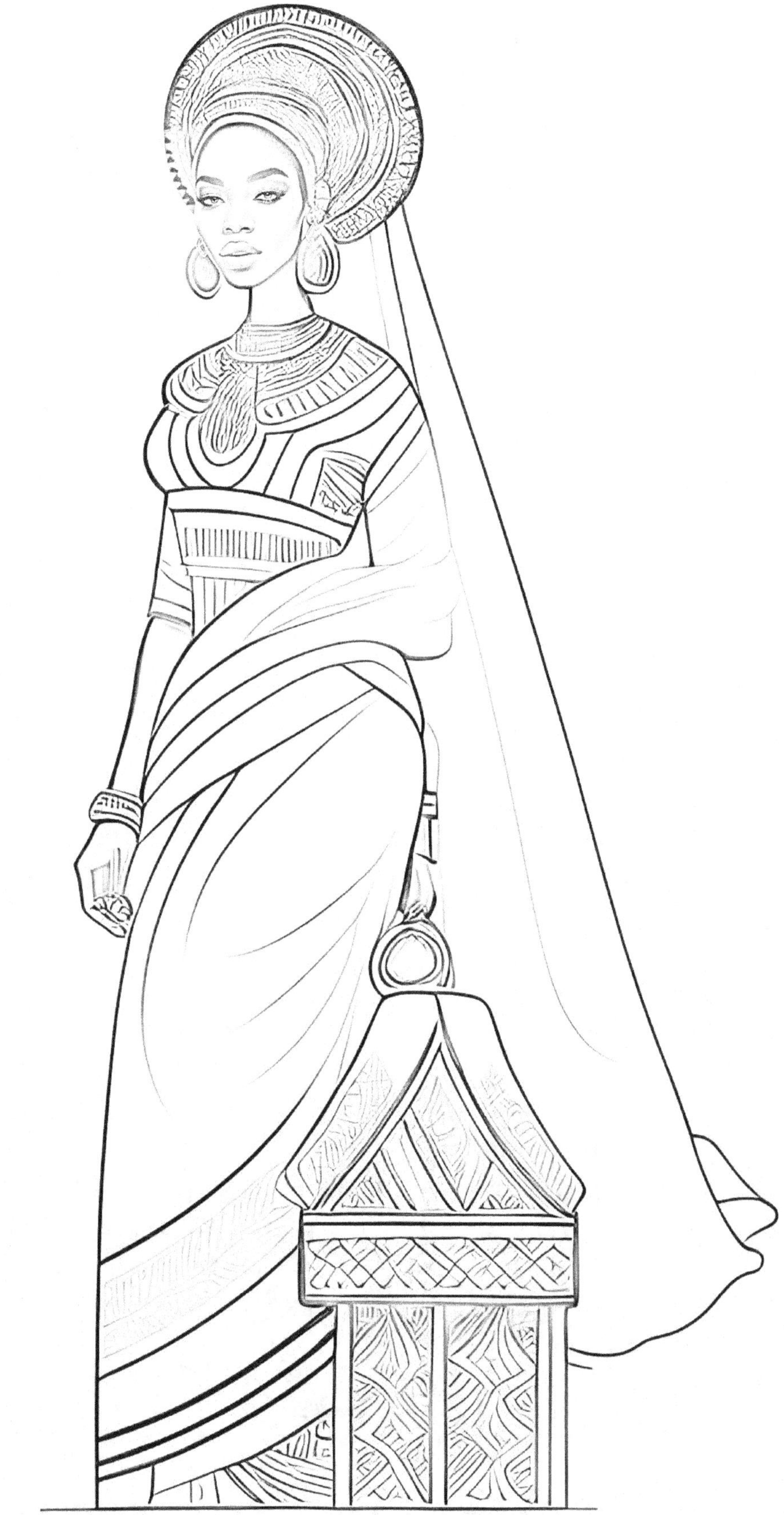

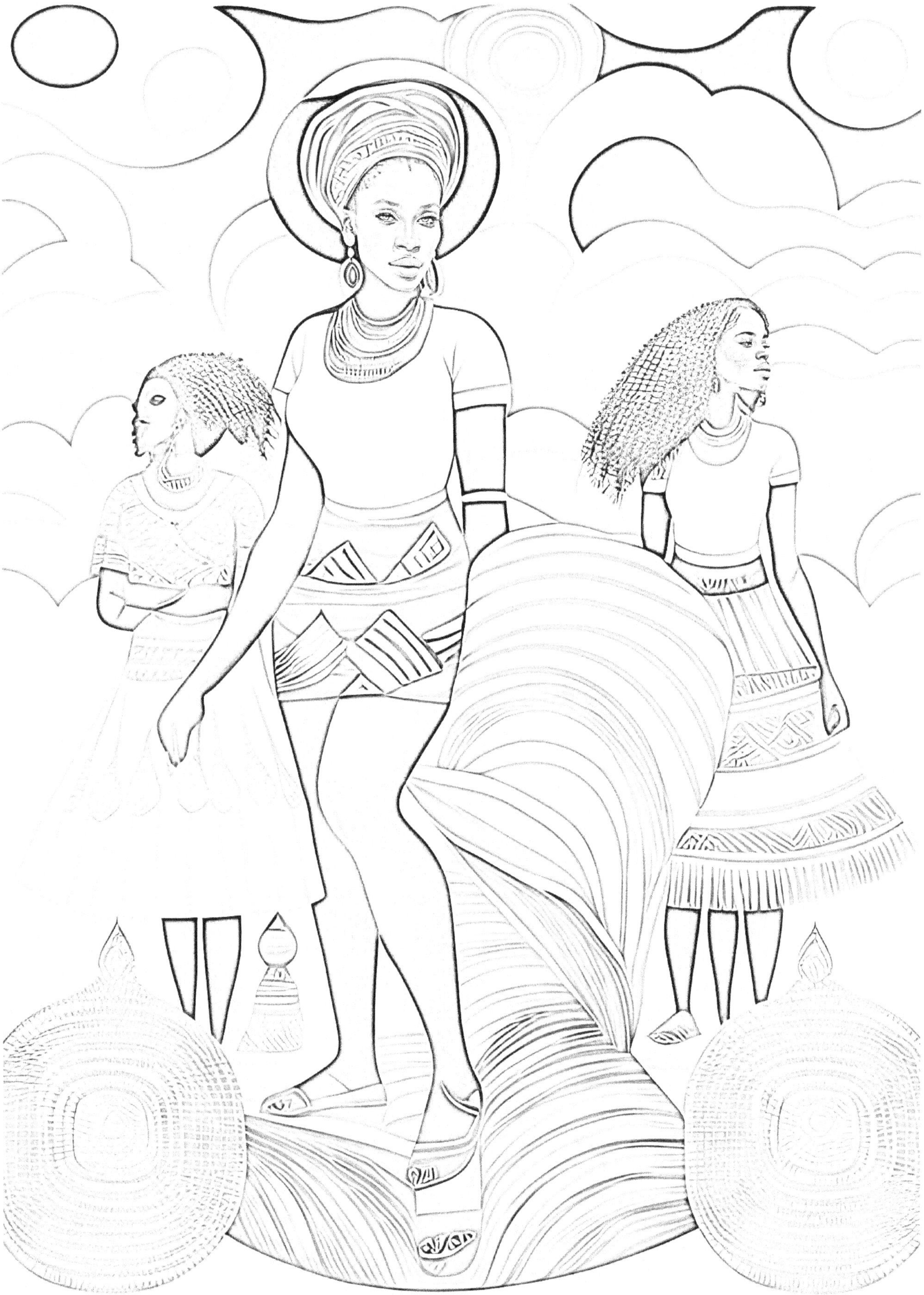

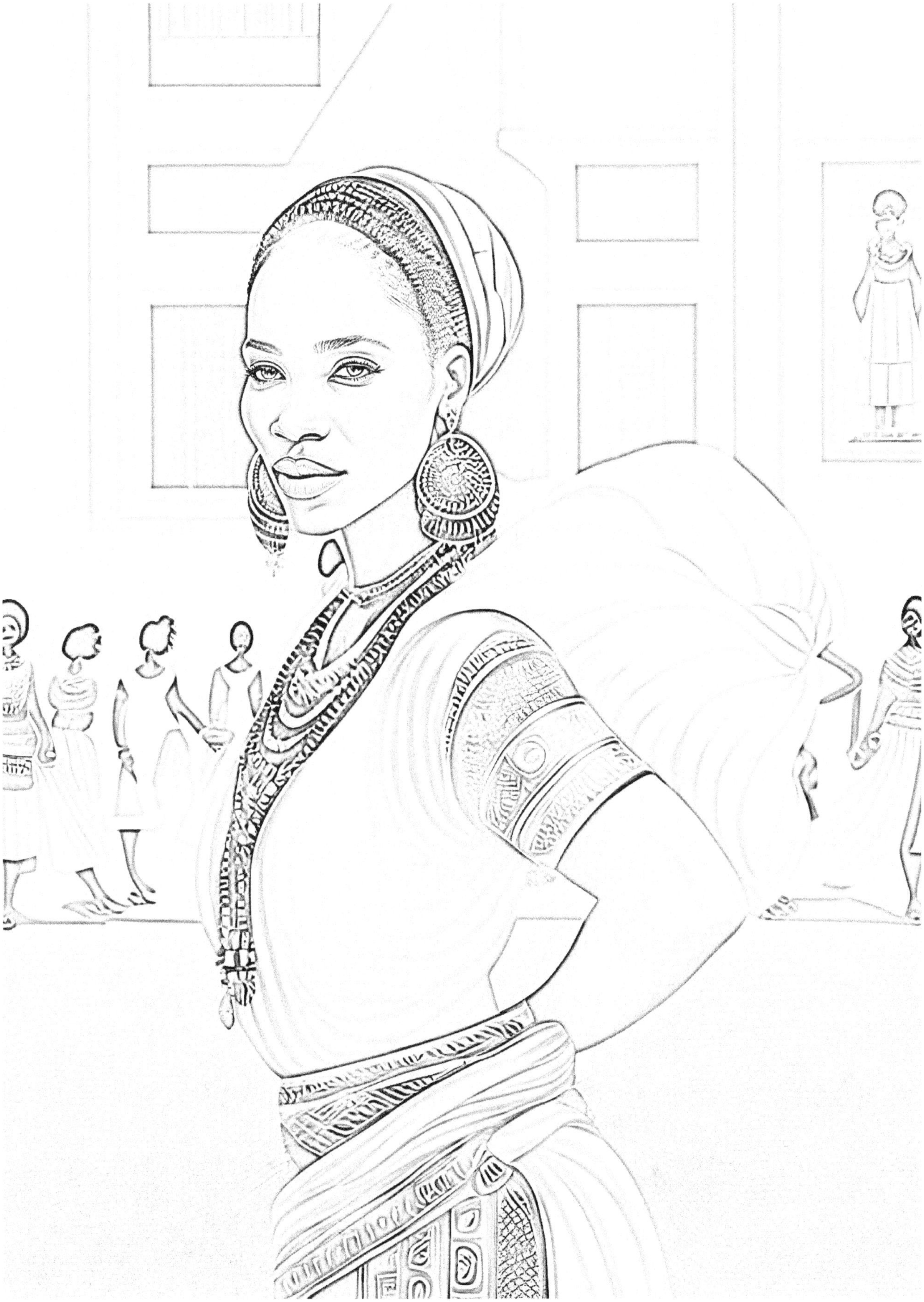

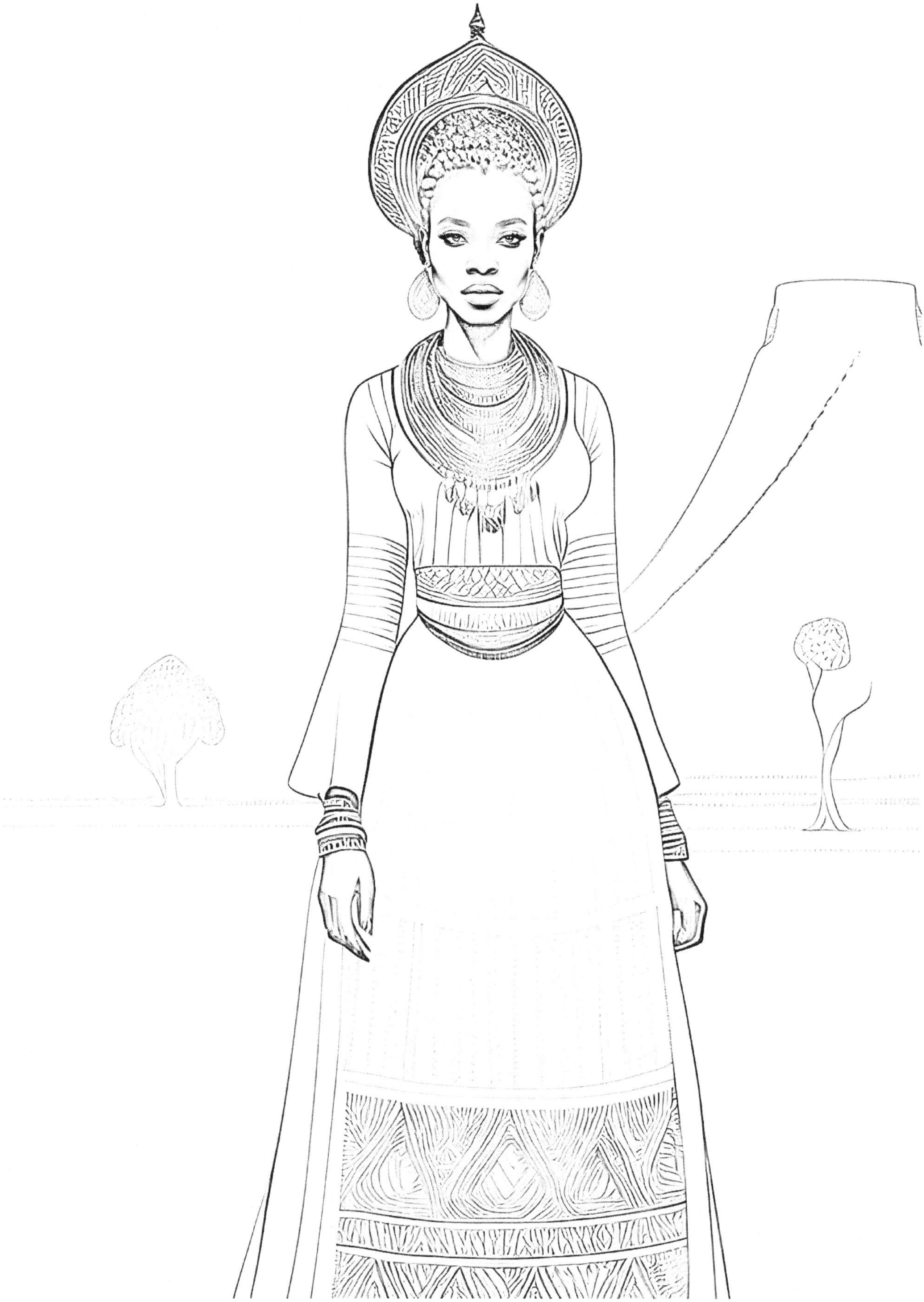

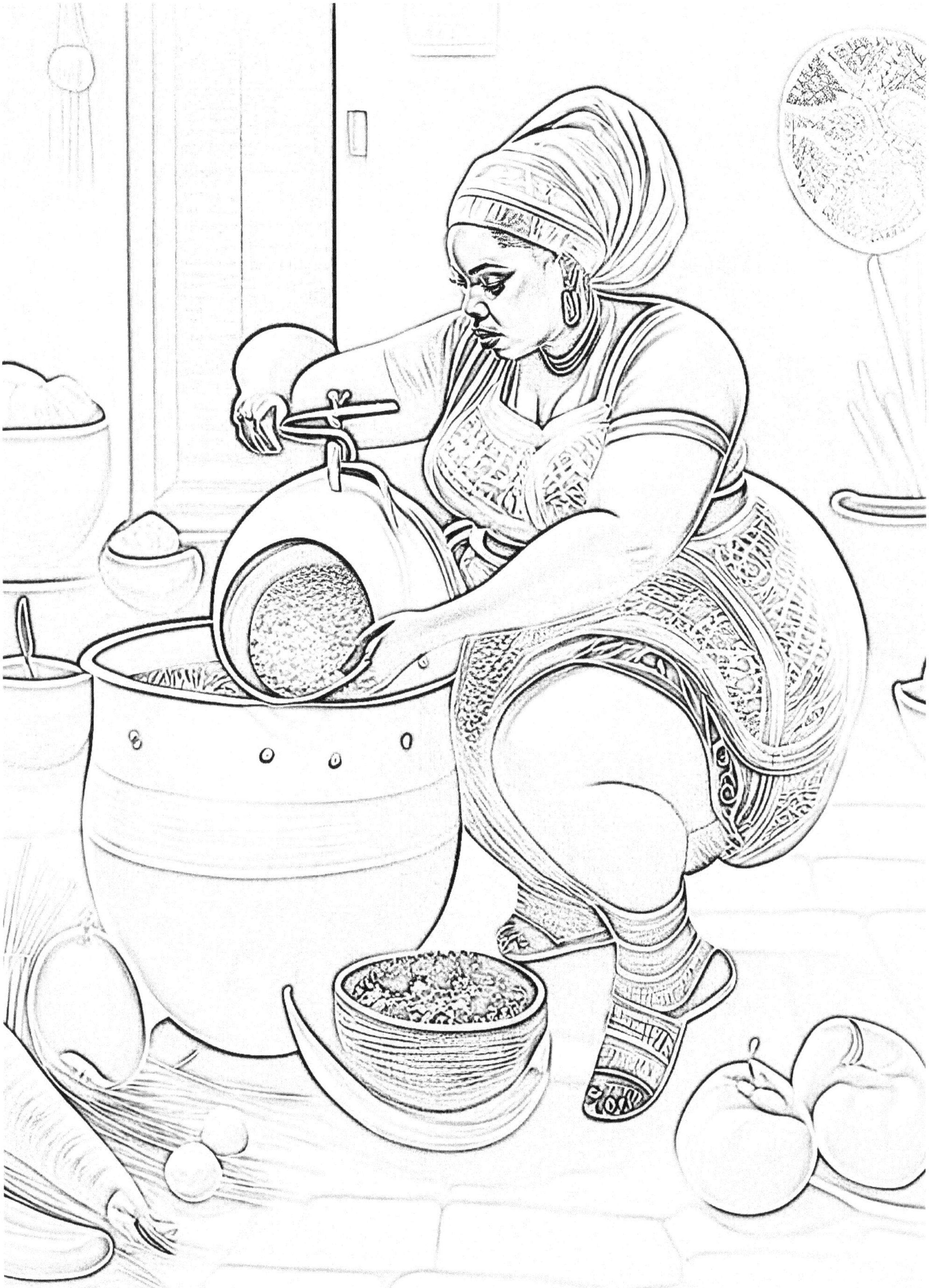

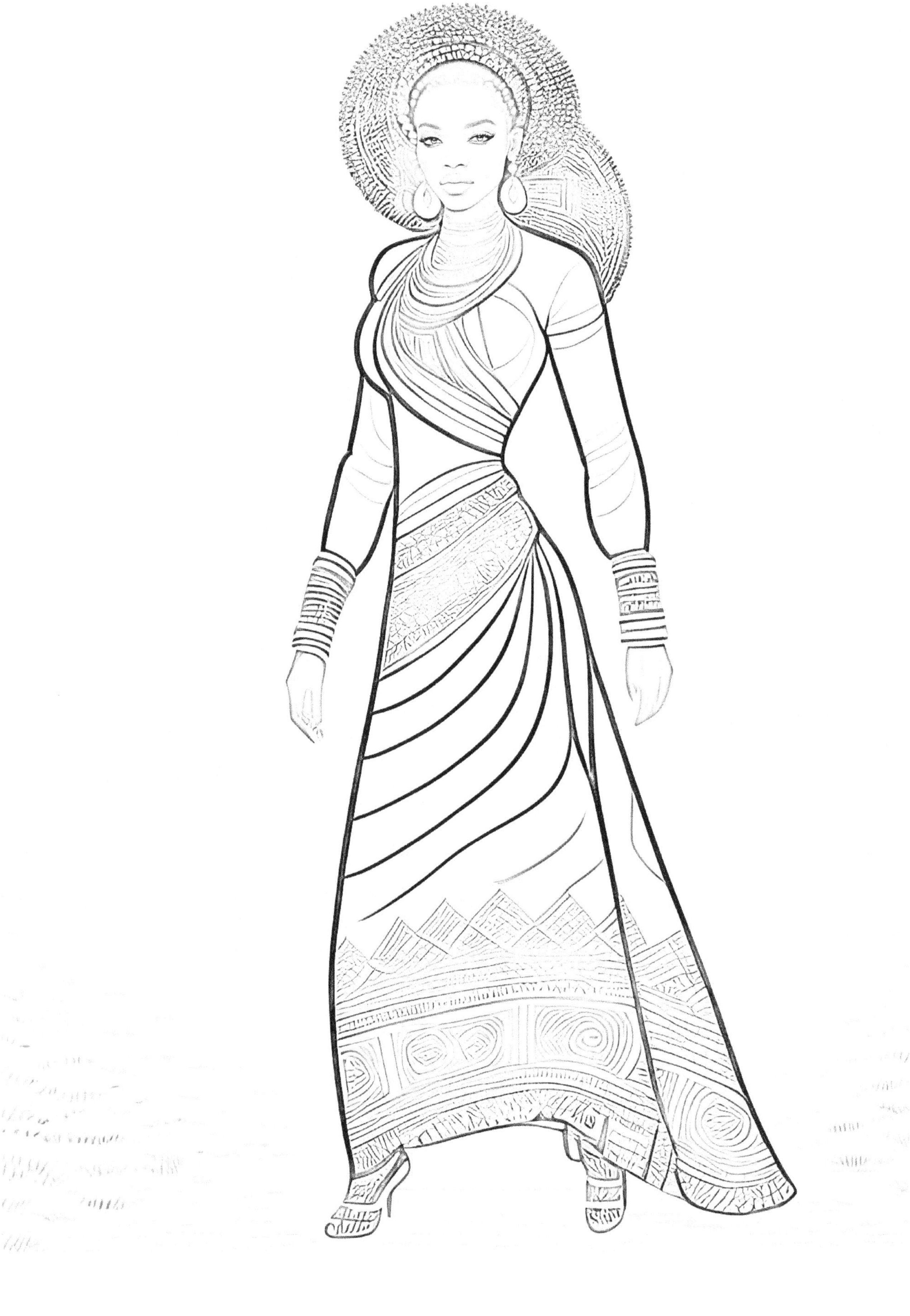

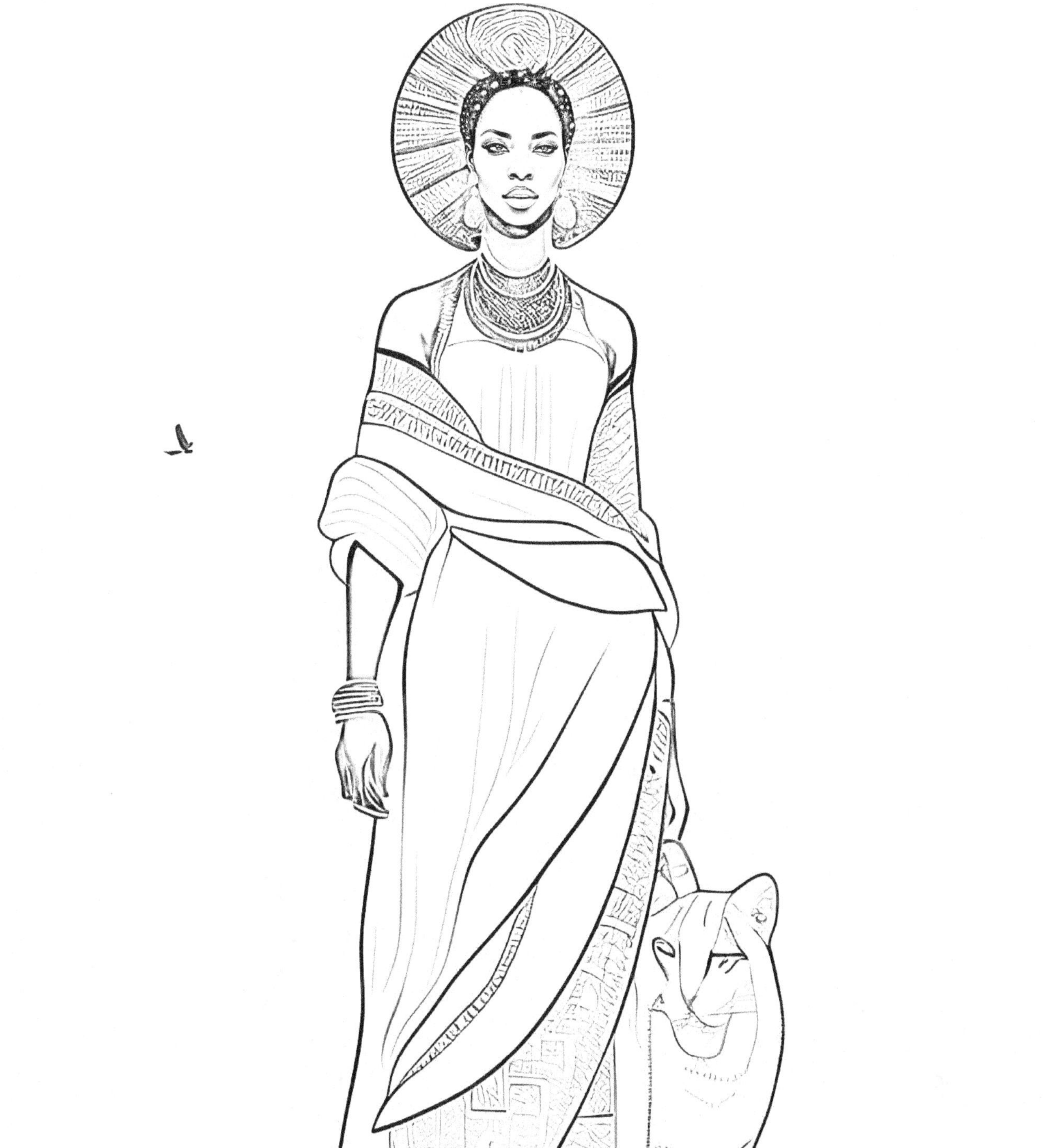

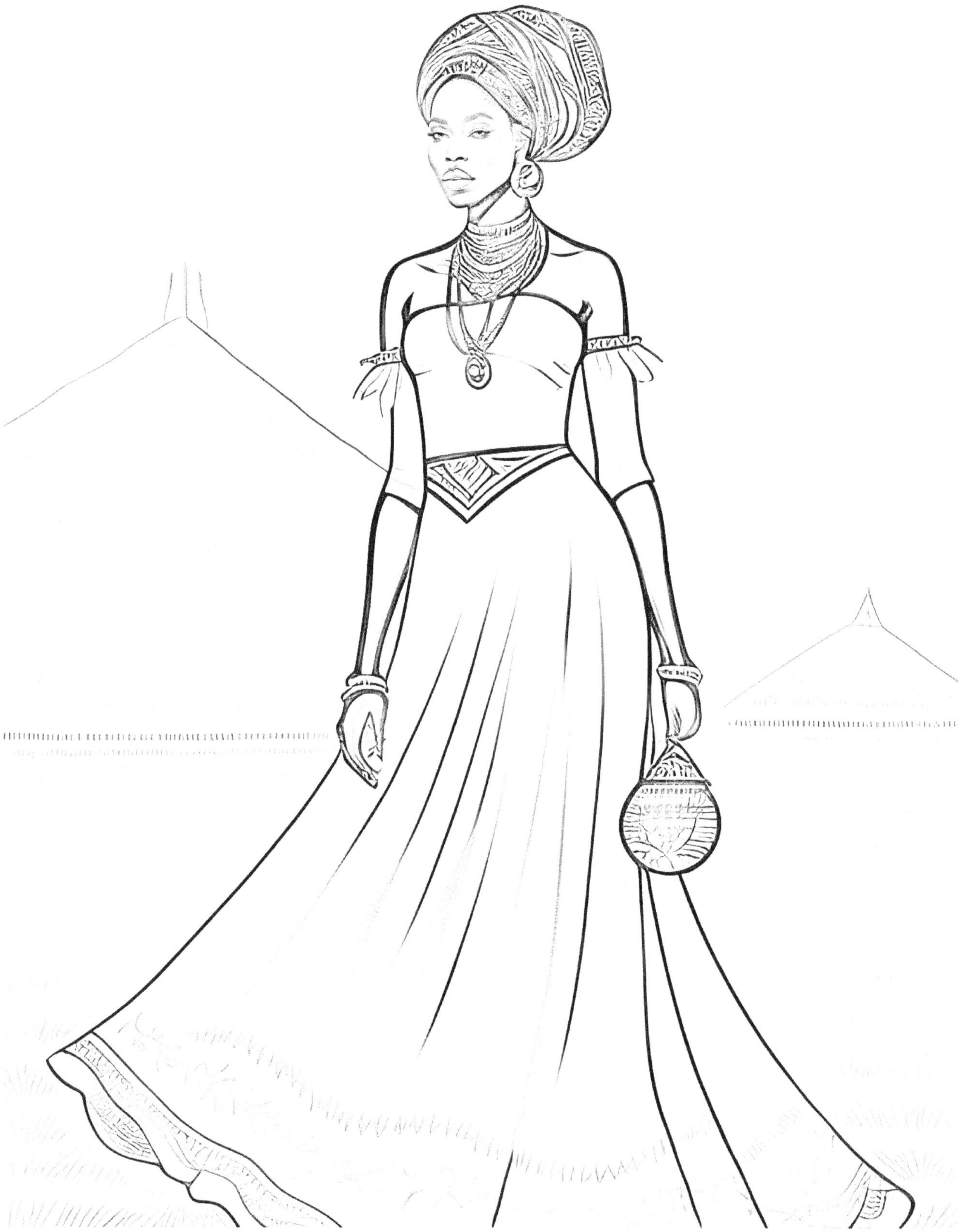

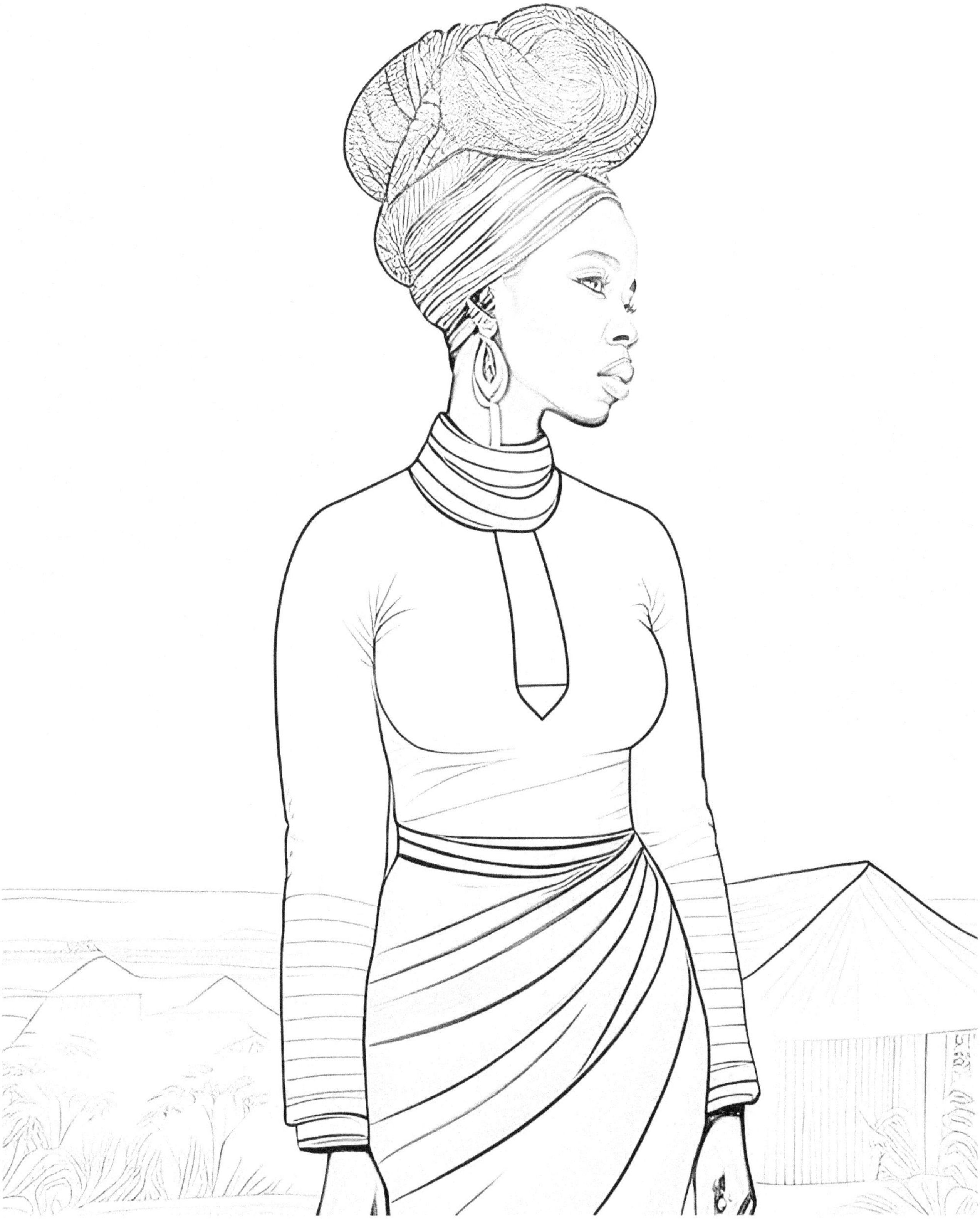

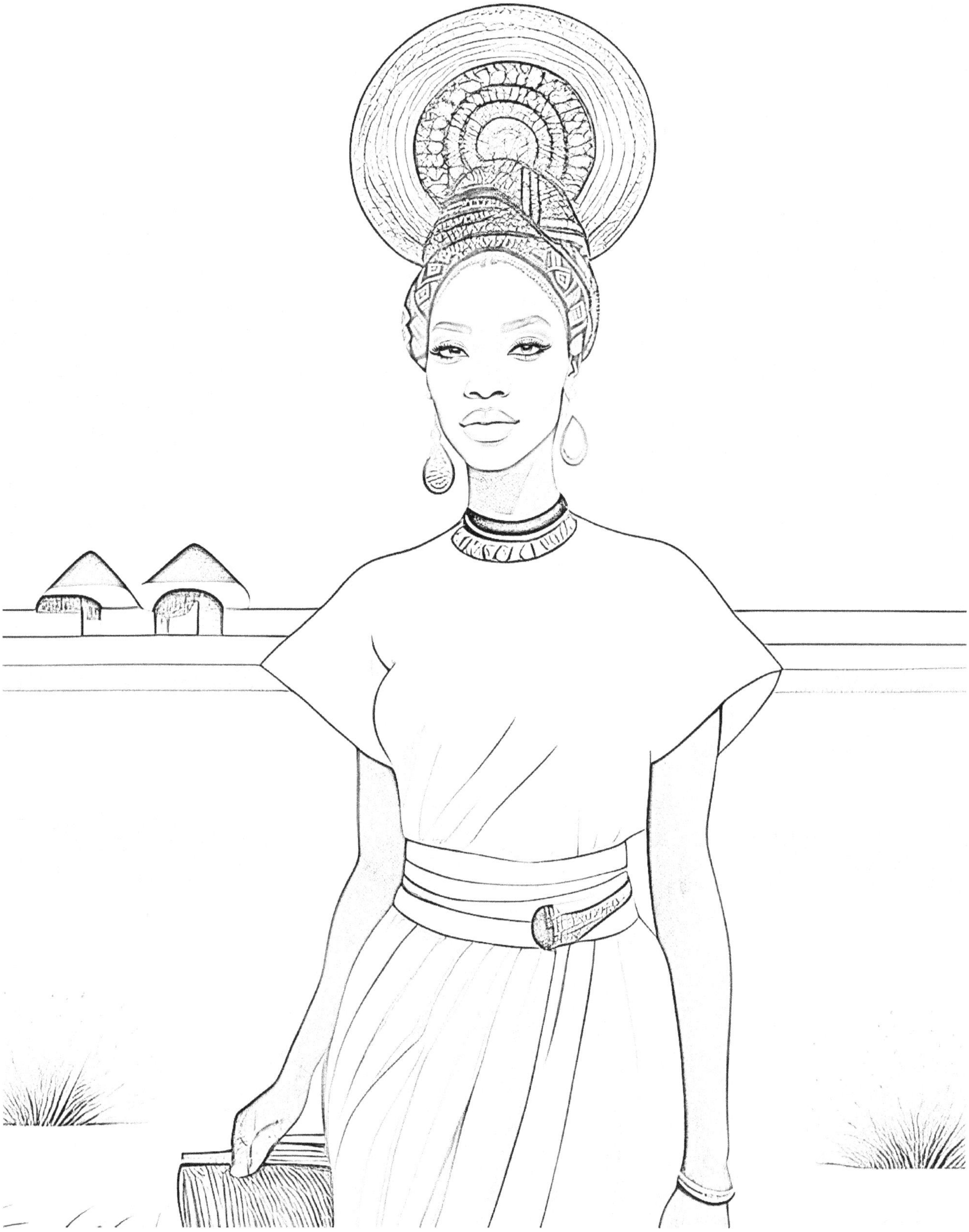

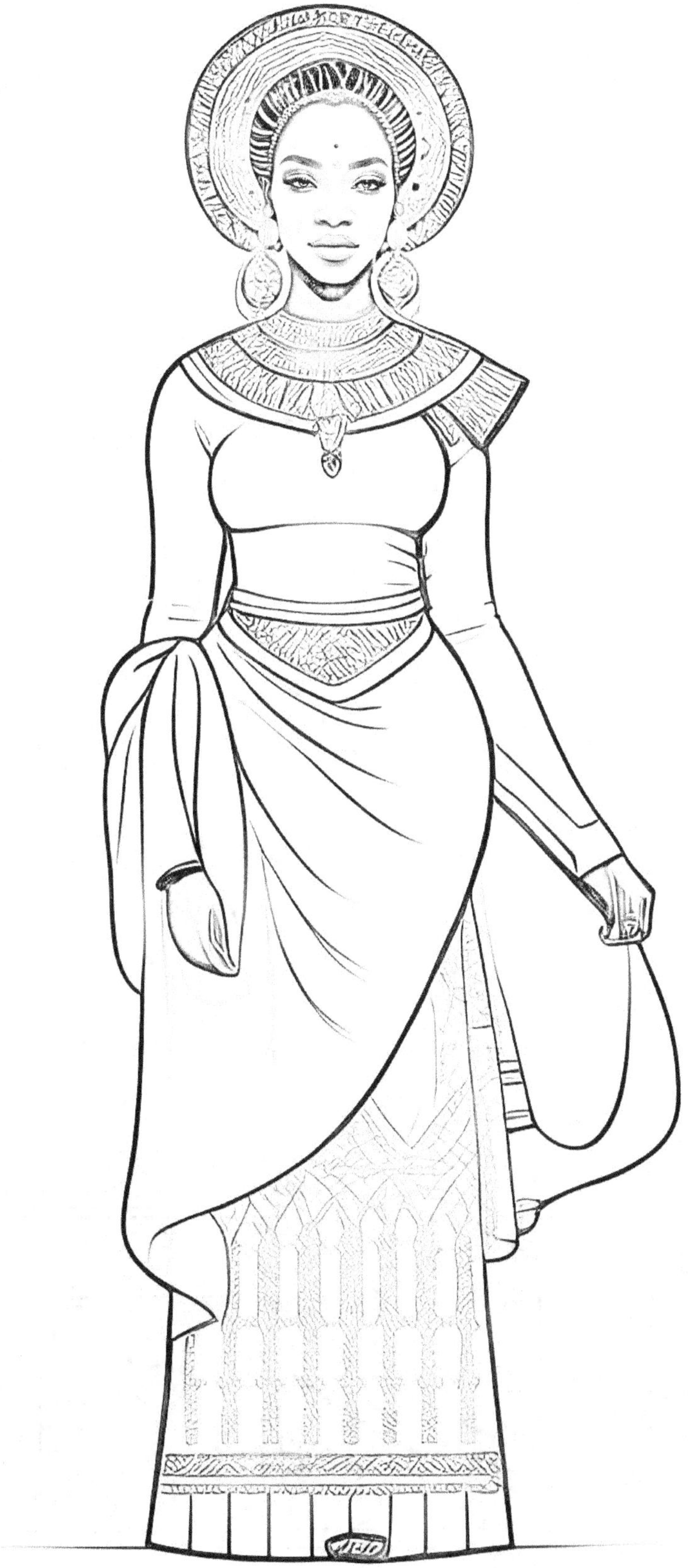

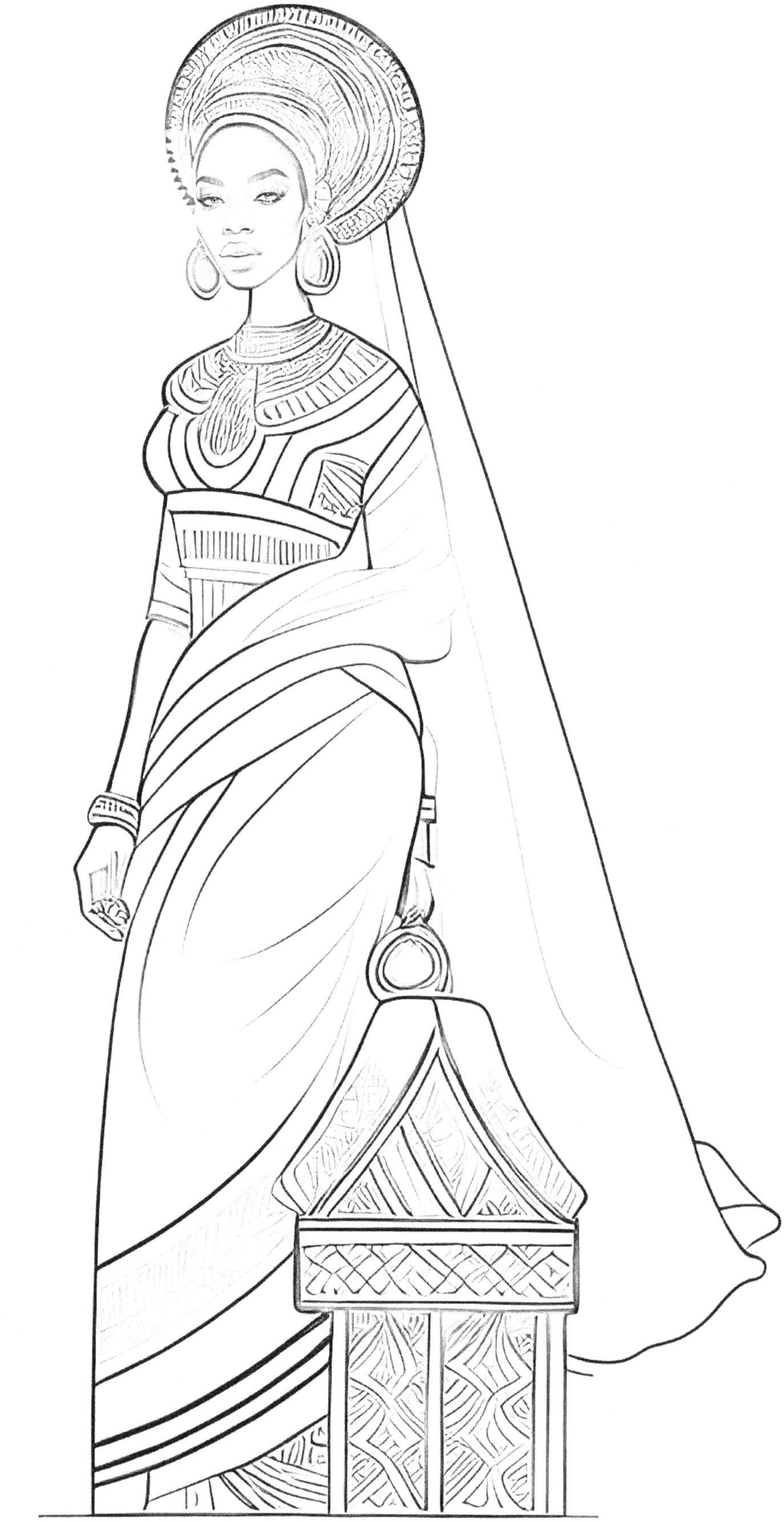

www.ingramcontent.com/pod-product-compliance
Lightning Source LLC
Chambersburg PA
CBHW080629220526
45467CB00011B/3429
* 9 7 9 8 3 8 7 0 2 3 1 3 2 *